potable **minérale**

Quelle eau
boirons-nous vitale
irrigation
aqueduc **demain ?**

Pierre Hubert
Michèle Marin

L'eau révèle des propriétés exceptionnelles, perceptibles dans la moindre goutte. Incolore et inodore, elle se transforme en vapeur si on la chauffe, en glace si on la refroidit.

 09

+ vapeur

— glace

La majorité de l'eau terrestre étant *salée* ou *bloquée* dans les glaces *et sous terre,* seul 1 % de l'eau de la planète est directement accessible *à l'homme.*

 62

Il faut **4 500 litres** pour produire **1 kg de riz**.

70

CONSOMMATION D'EAU EN LITRES PAR JOUR

600 litres

Américain

150 litres

Européen

50 litres

Africain

Aujourd'hui, **1,3 milliard d'habitants** n'ont **pas accès à l'eau potable**, soit 1/5e de la planète. Si rien ne change dans nos pratiques, **en 2025, ce chiffre pourrait doubler**.

Chaque année, **2 millions d'enfants meurent** de maladies véhiculées par une **eau non potable**. C'est la première cause de mortalité infantile.

86

LAVAGE DE LA VOITURE
200 litres

BAIN
120 à 200 litres

LAVE-LINGE
70 à 120 litres

DOUCHE
60 à 80 litres

LAVE-VAISSELLE
25 à 40 litres

VAISSELLE À LA MAIN
10 à 20 litres

CHASSE D'EAU
6 à 12 litres

Notre corps est constitué de 70 % d'eau.

Notre cerveau contient 85 % d'eau.

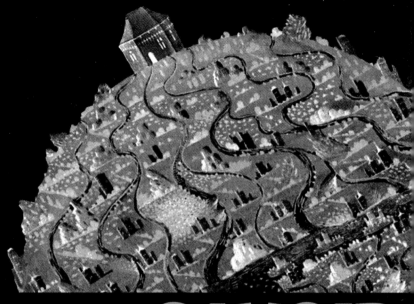

SAVOIR

AU FIL DES SIÈCLES, L'HOMME N'A CESSÉ DE SE CONFRONTER
À LA MAÎTRISE DE L'EAU, ÉLÉMENT INDISPENSABLE À SA SURVIE.
BIEN QUE PARTOUT PRÉSENTE SUR LA PLANÈTE, L'EAU Y EST TRÈS INÉGALEMENT
RÉPARTIE, ET DE PLUS EN PLUS MENACÉE PAR DIVERS TYPES DE POLLUTIONS.
COMMENT PROTÉGER CETTE RESSOURCE, VÉRITABLE ENJEU ÉCONOMIQUE
ET POLITIQUE ? COMMENT ASSURER LE DROIT À L'EAU POTABLE À TOUS
LES HABITANTS DE NOTRE PLANÈTE ?

Nul ne doute aujourd'hui que l'eau est à la fois la denrée la plus répandue à la surface de notre planète et une ressource éminemment fragile, menacée, dont la maîtrise détermine les grands équilibres de la vie sur Terre. Là n'est pas le moindre de ses paradoxes, car ce liquide banal se meut entre les trois états de la matière : liquide, bien sûr, mais aussi solide et gazeux. Jaillissant du sol ou tombant du ciel, tour à tour nourricière ou destructrice, agent de liaison ou solvant universel, l'eau condense un pouvoir de vie et de mort. Comment s'étonner dès lors qu'une telle puissance, indomptable et contrastée, ait inspiré tant de mythes fondateurs, suscité tant de rites et continue à interroger scientifiques et techniciens ? Dire qu'elle représente, en ce début de IIIe millénaire, un enjeu stratégique de premier ordre est une réalité indéniable, mais en aucun cas une nouveauté ; l'histoire de l'eau et celle de l'humanité se ressemblent : on a beau regarder couler toujours le même fleuve, ce n'est jamais la même eau.

DE L'ÉLÉMENT EAU À LA MOLÉCULE H$_2$O

Thalès de Milet, mathématicien, astronome et philosophe grec, est le premier à énoncer, au VIe siècle av. J.-C., une théorie de la nature qui attribuait à l'eau un rôle central, de substance primordiale, d'où seraient issus tout être et toutes choses. Au cours des deux siècles suivants, Empédocle puis Aristote, reprenant les idées du savant ionien, formalisent la théorie selon laquelle le monde entier dériverait de la combinaison de quatre éléments – eau, feu, terre et eau –, interagissant selon des lois d'attraction et de répulsion. Et cette analyse devient, pour deux millénaires, la théorie officielle, admise aussi bien par les alchimistes que par le clergé.

EN TOURBILLONNANT...

L'eau qui recouvre plus de la moitié de notre planète s'écoule tantôt tranquillement, et tantôt s'enfonce vers des profondeurs inconnues dans un tourbillon.

Il faut attendre le XVIIIe siècle et les Anglais Priestley et Watt, puis le Français Lavoisier, pour découvrir que l'eau est en réalité un corps composé de deux gaz. À l'aube du XIXe siècle, sa composition est précisée par le physicien Louis Joseph Gay-Lussac : deux volumes d'hydrogène pour un volume d'oxygène donnent un volume d'eau, d'où la formule chimique H$_2$O.

Sortie, donc, de la "magie" des quatre éléments, l'eau n'en finit pas cependant, sous les yeux des chimistes ou physiciens qui l'analysent, de révéler des propriétés exceptionnelles, perceptibles dans la moindre goutte. Incolore et inodore, elle se transforme en vapeur si on la chauffe, en glace si on la refroidit. Au cours d'un cycle qui la fait circuler de l'atmosphère aux profondeurs de la Terre, sur laquelle elle ruisselle ou qu'elle recouvre la plupart du temps, elle se charge de toutes sortes de substances, dont le sodium, les concentre ou s'en débarrasse, permettant des réactions chimiques différentes (ainsi l'eau salée conduit-elle l'électricité bien mieux que l'**eau douce**). Et tout comme elle dissout le sel de la Terre, elle peut dissocier tous les sels minéraux, casser de nombreuses molécules en leurs constituants élémentaires, ions ou atomes, et leur permettre de nouvelles combinaisons, au fond des océans aussi bien que dans une cuve de laboratoire : cela s'appelle "l'hydrolyse". Mauvais conducteur de chaleur, l'eau constitue, en revanche, un excellent isolant à l'état de glace. Si elle consomme de l'énergie solaire lors de sa vaporisation, elle la restitue ailleurs en se condensant en pluie, impulsant ainsi un mouvement à d'énormes masses d'air atmosphérique qui, associé à la répartition des terres et des mers à la surface de la planète, "crée" véritablement le climat.

LA TERRE ET L'HOMME EX ÆQUO : 70 % D'EAU

Sans revenir à la philosophie de la nature développée dans l'Antiquité, les recherches contemporaines ont cependant entériné le rôle de berceau, de "soupe primordiale", qu'a joué l'eau dans l'apparition de la vie sur Terre. Mais comment l'eau elle-même y est-elle parvenue ?

À la suite des explosions originelles du big-bang se sont formés les atomes, parmi lesquels celui de l'hydrogène, qui domine l'univers à 75 %. Des milliards d'années plus tard, l'oxygène apparaît à son tour, en bien moindre proportion. Il s'associe à l'hydrogène et donne naissance à la molécule d'eau, puis, au sein de gigantesques nuages, aux futures planètes, constituées de poussières cosmiques et d'eau cristallisée en glace. Située, comme Mars, Vénus et Mercure, relativement près du Soleil, la Terre s'est densifiée ; sous l'action bénéfique du rayonnement solaire, l'eau s'y est établie majoritairement à l'état liquide. Ainsi, sur cette planète composée de 70 % d'eau, la vie serait apparue au fond des océans il y a quelque 3,5 milliards d'années. D'abord sous forme de bactéries, puis d'algue bleue, pour aboutir à l'être humain, dont le corps est lui aussi composé de 70 % d'eau.

Voyageant dans l'espace en quête de traces de vie, les astronautes ont découvert une merveille qu'ils ont nommée la "planète bleue", leur Terre, recouverte aux trois quarts par des océans mirant le bleu du ciel.

D'UNE NÉBULEUSE AUX ÉTOILES...

Ces nuages de matière cosmique (oxygène, hydrogène et poussières) sont de véritables pouponnières d'étoiles. Des milliers de soleils et de systèmes planétaires y sont en gestation.

Mais à peine 1 % de ce liquide abondant, omniprésent, existe sous forme d'eau douce, utile à l'homme, le reste étant salé (97 %) ou gelé (2 %). Ceci explique que le rapport à l'eau, sa maîtrise et son appropriation ont constitué des axes déterminants de toutes les civilisations.

LE DON DU NIL À LA TERRE ÉGYPTIENNE

« L'Égypte est un don du Nil, disait Hérodote, l'historien grec du Vᵉ siècle av. J.-C., et sans le Nil, l'Égypte n'aurait jamais existé. » Sans les eaux de ce fleuve, venues du bassin du lac Victoria et des hauts plateaux éthiopiens, cette région, qui ne reçoit chaque année que quelques centimètres d'eau de pluie, serait un désert.

Il y a quelque sept mille ans, après la dernière glaciation, le climat de la Terre change profondément. Le Sahara se transforme en désert et le Nil acquiert un nouveau régime, caractérisé, en Égypte, par une **crue** annuelle de la fin du mois de juillet jusqu'à la fin du mois d'octobre. Cette eau providentielle, qui revient régulièrement, incite les Égyptiens à se sédentariser et à se consacrer à l'agriculture. Les croyances religieuses et l'organisation politique de la société égyptienne, l'ordre social, tout s'organise autour du fleuve et de ses crues. Les Égyptiens construisent tout un système de canaux principaux et secondaires, de digues, de diguettes et de vannes, destinés à contrôler la montée et surtout la descente des eaux. Ils bâtissent des machines élévatoires, les *shadoufs*, équipées de récipients placés au bout d'une tige pivotante équilibrée par une pierre, permettant de puiser l'eau du fleuve et de l'élever de quelques mètres pour qu'elle puisse s'écouler dans les canaux d'irrigation. Quant aux *sakiehs*, également appelés "norias égyptiennes", sortes de chapelets hydrauliques mus par l'énergie humaine ou animale, ils servent à hisser de l'eau. Ces différentes machines hydrauliques permettent d'étendre les bienfaits de la crue à des terres plus élevées que les **inondations** n'atteignent pas. Les crues du Nil apportent non seulement de l'eau mais aussi le limon, qui renouvelle chaque année la fertilité des terres.

UN DIEU PROSPÈRE

Le dieu Nil est représenté avec ses enfants symbolisant les seize coudées de la crue fertilisante du fleuve. Sur la base, des tiges de papyrus et les animaux habitant sur les bords du Nil.

LES PREMIERS INSTRUMENTS DE MESURE HYDROLOGIQUES

Les évolutions et niveaux des crues sont soigneusement observés sur des "nilomètres", ces échelles étant très certainement les premiers instruments de mesure hydrologiques. Les techniques d'arpentage et la géométrie se développent avec l'étude des besoins de l'agriculture et de l'administration des terres. C'est en Égypte qu'apparaissent, 3 000 ans av. J.-C., les premières clepsydres ou horloges à eau fonctionnant à la manière d'un sablier. À partir du rythme imposé par les crues, les Égyptiens établissent leur calendrier. Leur année solaire commence à la mi-juillet, en même temps que la crue. L'ordre et la régularité des crues ont également inspiré le système politique et la religion des Égyptiens, modèles d'ordre et de rigueur. Le pharaon, à la tête d'un État centralisé, est l'unique possesseur et responsable des terres et c'est en son nom que l'État règle tout ce qui touche à l'utilisation des eaux. Il réglemente les ouvertures ou fermetures des vannages. Le pharaon joue aussi un important rôle spirituel. Fils et héritier des dieux, il est le premier prêtre et doit maintenir, à travers l'exercice des rites, la reproduction éternelle du cycle de la création.

Le système de l'agriculture égyptienne a perduré, pratiquement immuable, pendant des millénaires, survivant à la disparition des pharaons. Des cérémonies se sont maintenues, comme

celle des "fiancées du Nil", où des poupées jetées dans le fleuve invitaient celui-ci à amorcer sa crue bienfaitrice. Aujourd'hui, 95 % de la population vit sur les rives du fleuve sacré et c'est en grande partie grâce à la maîtrise de ses eaux que l'Égypte est devenue le berceau d'une des plus brillantes civilisations de l'humanité.

LES OASIS OU L'ALLIANCE DU POUVOIR ET DU PLAISIR

Dès le IIe millénaire avant notre ère, les Égyptiens possèdent aussi leurs jardins, où ils cultivent la vigne et de nombreux arbres fruitiers (palmiers, figuiers...) procurant une ombre appréciée autour des pièces d'eau. L'eau acheminée par les norias irrigue ainsi terrasses et jardins.

L'art des jardins connaît dans l'Antiquité son apogée à Babylone avec les fameux Jardins suspendus, cadeau de Nabuchodonosor (605-562), roi de Babylone, à son épouse Amyitis. Il s'agit d'un ensemble de terrasses plantées de palmiers, et irriguées depuis une esplanade située en hauteur. L'eau était puisée dans une **nappe** de l'Euphrate et descendait par une suite de ruisseaux et de cascades. Ces terrasses suspendues ont été recensées par Philon de Byzance (IIIe siècle) comme faisant partie des Sept Merveilles du monde. Des siècles plus tard, aux XIIIe et XIVe siècles, le calife de Grenade retrouve avec faste la représentation du paradis, en quadrillant les vastes jardins de l'Alhambra de rigoles, fontaines, patios et vasques, où l'eau, descendue tout droit de la Sierra Nevada, dispense sa fraîcheur avant d'arroser les plantations le soir.

LES ROMAINS,
GRANDS URBANISTES DE L'EAU

Fontaines publiques et privées, thermes : les Romains portent à l'eau une véritable passion. Au-delà de son aspect utilitaire, ils en font un élément de l'environnement urbain et du décor des riches habitations, et c'est davantage par plaisir que par hygiène qu'ils fréquentent si assidûment les thermes.

UN PARADIS D'EAU

Les fontaines d'agrément ornaient les murs des belles demeures de Pompéi. Le mot **paradis** *a d'ailleurs pour origine un mot perse qui signifie "jardin". Quand l'utile s'allie à l'agréable...*

S'ils n'ont pas inventé les **aqueducs**, puisque les Égyptiens, les Mésopotamiens et les Grecs en avaient déjà construit avant eux, les Romains passent cependant maîtres dans cette technique et érigent de grands ouvrages destinés à approvisionner les villes en eau à partir de **sources** parfois lointaines car ils répugnent à utiliser l'eau des rivières. Cette technique, employée pour alimenter Rome dès le IVe siècle av. J.-C., sera généralisée à tout l'Empire romain au cours du siècle suivant. Aujourd'hui encore, deux mille ans plus tard, le pont du Gard, dans le sud de la France, ou l'aqueduc de Carthage, en Tunisie, témoignent des prouesses techniques et architecturales des Romains.

LES PREMIERS AQUEDUCS

Construit à Rome en 312 av. J.-C. par le censeur et grand urbaniste Appius Crassus, l'aqueduc *Aqua Appia*, dont le **débit** est évalué à près d'un mètre cube par seconde, va chercher l'eau à une dizaine de kilomètres à l'est de Rome. Cependant, il mesure dix-sept kilomètres de long ! Cette différence de longueur souligne nettement les limites du savoir-faire des Romains : si ces derniers maîtrisent parfaitement le siphon dès le IIe siècle av. J.-C., ils n'utilisent que l'**écoulement** purement gravitaire, et ne mettront jamais en œuvre des techniques d'élévation. Il s'agit donc pour eux de ménager à l'eau un chemin en pente, la plus douce possible, à partir d'une source située en altitude, pour alimenter une ville établie en contrebas. La solution la plus simple du point de vue de l'ingénierie est donc de suivre au plus près les courbes de niveau, mais cette technique allonge considérablement les distances. Des tranchées, des tunnels, des ponts ou encore des viaducs permettent alors de les réduire, moyennant toutefois d'importants et fort coûteux travaux de génie civil et même la construction

THERMES ROMAINS
Ces merveilles d'architecture et de décoration seront pointées du doigt par les moralisateurs de l'époque, qui les considèrent comme des lieux de dépravation.

d'ouvrages d'art. Une fois arrivée en ville, l'eau est distribuée, toujours par gravité, à partir de châteaux d'eau vers les fontaines publiques, les thermes, les palais et les jardins ainsi que vers quelques concessionnaires privés privilégiés. L'empereur Auguste (qui règne à Rome entre 27 av. J.-C. et l'an 14 de notre ère) n'hésitera pas à dévier le tracé d'un des aqueducs qui alimente la capitale pour arroser les jardins de son palais.

Les Romains ne parviennent pas à établir avec précision des bilans de l'eau qu'ils transportent et distribuent. Ils éprouvent par conséquent des difficultés pour la facturer aux utilisateurs, d'autant plus que les "branchements sauvages" sont relativement fréquents.

Les aqueducs sont réalisés en maçonnerie tandis que la distribution finale se fait par des tuyaux en plomb. On ignore encore à l'époque que ce métal peut se dissoudre dans l'eau et provoquer de graves troubles neurologiques, le saturnisme. Certains n'ont d'ailleurs pas hésité à attribuer à ses effets la décadence de l'Empire romain...

À partir du IIIe siècle av. J.-C., les aqueducs fleurissent à travers l'Empire romain au fur et à mesure de son extension. Pour alimenter Rome, ville toujours plus avide d'eau, il faudra même aller la chercher jusqu'à une centaine de kilomètres. De tels travaux ne peuvent être entrepris que dans un pays en paix, car les aqueducs sont des ouvrages particulièrement vulnérables. À l'apogée de la puissance Romaine (IIe siècle de notre ère), les aqueducs apportent chaque jour à Rome environ un million de mètres cubes d'eau, soit plus de sept cents litres par habitant. Les Romains mettent très tôt en place, autour d'un égout dénommé *Cloaca Maxima*, un réseau

d'**assainissement** efficace, drainant les eaux usées vers le Tibre et qui, soigneusement entretenu, a survécu plusieurs siècles à la chute de l'Empire romain.

LES MÉTIERS DE L'EAU AU MOYEN ÂGE

Avec la fin de la domination romaine, la ville médiévale met peu à peu en place un rapport à l'eau totalement différent de celui de la cité romaine. Vivant en symbiose, parfois mortelle, avec son eau, elle développe une importante activité de navigation et de commerce, mais s'entoure de murailles. Des fossés remplis d'eau constituent d'ailleurs une défense supplémentaire. La colonisation des rives et l'assèchement des marais exigent tout un système de drains et de canaux qui deviennent des éléments fondamentaux du paysage urbain et transforment, aux XIe et XIIe siècles, de nombreuses villes en petites Venise.

Utilisée à tout moment dans la chaîne de production, l'eau favorise le développement des métiers liés au traitement des cuirs, des textiles et des céréales : la mouture des grains exige l'utilisation d'eaux courantes pour faire tourner les roues actionnant les meules. L'eau sera aussi essentielle pour la fabrication du papier, qui se répand en Europe dès le XIIIe siècle : c'est l'énergie hydraulique qui permet, par broyage de chiffons, de fabriquer la pâte à papier composée d'eau et de fibres végétales, la qualité de l'eau influant sur celle du produit fini. Ces activités sont au cœur même de l'économie marchande au Moyen Âge ; elles font la richesse et la renommée de certaines villes médiévales, particulièrement en Flandres, en Artois et en Picardie en France. Vers le Xe siècle, les moulins à eau se comptent par milliers, principalement dans le Nord-Ouest européen. Les moulins à eau et à vent, initialement urbains, ne s'implanteront dans les campagnes qu'à partir de la Renaissance. L'eau courante sert aussi pour laver et tanner les peaux, pour traiter et teindre les diverses matières premières utilisées par les tisserands : laine, lin, chanvre. À Paris, la vallée de la Bièvre, petit affluent de la rive gauche de la Seine, fait figure de boulevard industriel avec les innombrables artisans installés sur les bords de la rivière.

DÉJÀ LA POLLUTION

Ces multiples activités affectent par leurs rejets la qualité de l'eau et donc ses usages. À l'époque, personne ne se soucie de les traiter. Cependant, les artisans du Moyen Âge semblent avoir réussi, non sans conflits, à surmonter des difficultés liées à ces pollutions, voire même à en tirer parti. Ainsi, tanneurs et teinturiers se placent sur des canaux différents, le tanin rejeté par les premiers étant susceptible d'altérer les colorants des seconds. Les artisans du cuir, en revanche, s'installent volontiers à l'aval des teinturiers, dont les rejets d'alun peuvent favoriser

le traitement des peaux. Quant aux abattoirs, qui exigent des eaux claires en grande quantité, ils choisissent systématiquement une position en amont de toute autre activité.

Une des difficultés majeures dans la ville médiévale concerne l'alimentation en eaux domestiques. Les rivières, en amont des villes, ou des sources aménagées en fontaines représentent des points d'approvisionnement possibles, mais souvent lointains. Et si le portage d'eau existe, il est coûteux. De nombreux puits sont donc utilisés, mais ils fournissent des eaux souterraines qui, en l'absence de tout assainissement, se révèlent fortement polluées par l'**infiltration** des eaux usées domestiques et de celles des métiers de la rivière. L'impureté de l'eau des villes explique le caractère violent et parfois meurtrier de nombreuses épidémies (typhoïde, choléra), dont l'origine hydrique ne sera comprise qu'au XIXe siècle. L'hygiène n'est pas une préoccupation médiévale ; on se préoccupe alors davantage de la propreté du linge que de celle du corps, et les étuves, bains de vapeur publics, sont essentiellement des lieux de rendez-vous et de plaisirs.

VOIES NATURELLES ET ARTIFICIELLES

Si les rivières constituent entre leurs rives un obstacle dont le franchissement reste longtemps problématique, elles offrent *a contrario* un extraordinaire lien entre l'amont et l'aval. La voie d'eau possède d'immenses avantages que les hommes mettent très tôt à profit. Il faut en effet bien moins d'efforts pour déplacer une charge flottant sur l'eau que pour la transporter sur la terre ferme, car les frottements sont infiniment plus faibles. Dès la plus haute Antiquité, les rivières, les fleuves et les lacs naturels constituent des axes de communication, avant que ne soient construites des voies terrestres permanentes de qualité. Des restes d'embarcations comme des pirogues datant du néolithique, découvertes dans la région parisienne, en témoignent. Les Égyptiens ont toujours utilisé le Nil pour transporter le produit de leurs récoltes et les pierres de leurs monuments. Le Rhin a de tout temps représenté une importante voie de communication de la Suisse jusqu'aux Pays-Bas. Ses passages difficiles, comme celui de la Lorelei, occasionneront longtemps des naufrages et donneront naissance à la légende de la sirène qui précipite les bateaux vers les rochers et une mort certaine. Des fleuves comme le Saint-Laurent, le Mississippi, l'Amazone ou le Parana ont facilité la découverte et la colonisation du Nouveau Monde. Le Congo et le Niger ont joué le même rôle pour l'exploration de l'Afrique. La rame, la voile et le halage, animal ou humain, à partir de la rive permettent de propulser et de diriger les embarcations. Mais tous les cours d'eau ne sont pas aisément praticables. Des aménagements sont souvent nécessaires pour permettre la navigation.

Pour compléter le tracé de ces voies de communication imposé par la nature, d'autres voies,

TOUS LES CANAUX MÈNENT À ROME...

... et d'ailleurs aussi dans le monde entier, comme en témoigne la multitude des canaux et cours d'eau représentés dans cet ouvrage du XVe siècle.

artificielles, sont réalisées. Creuser un canal exige des efforts considérables, ainsi qu'une bonne maîtrise de la cartographie et de la topographie. Long de 1 800 kilomètres, le Grand Canal impérial, qui relie Pékin à Hangzhou, constitue l'une des plus anciennes mais aussi l'une des plus grandioses réalisations en la matière, encore partiellement utilisée de nos jours. Sa construction, commencée au VIe siècle, s'achève seulement au XIVe siècle ; elle aura mobilisé plus de cinq millions de terrassiers.

Impossible, en Europe, de parler de canaux sans penser à Venise. Cette ville, construite dans le cadre très inhospitalier d'un marais, s'est développée, au prix d'un labeur acharné de protection contre les eaux et contre l'envasement, devenant, au VIe siècle, un refuge pour les populations romaines en fuite devant les Lombards. Le trafic modeste des mariniers va alors peu à peu changer de nature, jusqu'à faire de Venise, du XIe au XVIe siècle, un grand port et une puissance majeure de la Méditerranée. Ailleurs en Europe, à partir du XIVe siècle, de riches villes commerçantes de Lombardie (Milan), d'Allemagne (Lübeck) ou des Pays-Bas (Utrecht) accroissent encore leur prospérité en creusant des réseaux de canaux pour transporter toiles, vin et céréales.

D'abord simples canaux de jonction, ces lits artificiels alimentés naturellement feront très vite l'objet d'importantes innovations techniques. La première écluse à sas est mise en place près d'Utrecht en 1373 et Léonard de Vinci en perfectionne la technique à la fin du XVe siècle. Les écluses permettent la réalisation de véritables escaliers d'eau et autorisent la navigation là où les pentes sont fortes. Le premier canal « à bief de partage » – qui permet de franchir un seuil entre deux vallées – est construit près de Lübeck vers 1400, mais ce n'est que bien plus tard que de grands ouvrages, comme le canal de Briare, qui ouvre la route de l'Atlantique à Paris, seront mis en place. Au début du XVIIe siècle, l'infante d'Espagne Isabella Clara Eugenia engage la construction d'un canal entre le Rhin

et la Meuse, qui ne fut jamais achevé. Le canal du Midi, long de deux cent quarante kilomètres, reliant la Méditerranée à la Garonne et, au-delà, à l'Atlantique, contournant ainsi le verrou de Gibraltar, est mis en eau en 1682. Les canaux entraînent une réorganisation de l'espace.

LOUIS XIV, GRAND MAÎTRE DES EAUX

Il n'existe pas de grand de ce monde qui n'ait voulu régner en monarque absolu sur l'eau. Si Nabuchodonosor, Auguste ou Néron figurent parmi les précurseurs, Louis XIV est le véritable promoteur, au XVIIe siècle, de la construction de grands canaux destinés à développer l'économie et le commerce de son royaume. Renouant avec une tradition oubliée au Moyen Âge et remise au goût du jour à partir de la Renaissance italienne – qui s'enivre d'orgues hydrauliques, d'au-

tomates animés par le courant et de fontaines romaines aux naïades et tritons sculptés par le Bernin –, le roi fera du spectacle de l'eau l'un des fleurons de son château de Versailles et le symbole de sa toute-puissance. Il sera imité par diverses cours d'Europe, en particulier celle d'Autriche, avec la construction, à partir de 1683, du château de Schönbrunn et de ses jeux d'eau. Rien ou presque ne résiste au Roi-Soleil, mais, parmi les éléments, l'eau se révèle le plus difficile à asservir. En 1661, le jeune Louis XIV, cherchant à s'éloigner de cette ville frondeuse qu'est Paris, décide de transférer sa Cour à Versailles. Il transforme le modeste pavillon de chasse hérité de son père en un château majestueux qui domine des jardins en terrasses. Dans ces somptueux jardins, l'eau coule à profusion alimentant fontaines, cascades et pièces d'eau, jaillissant de mille quatre cents jets d'eau. Parmi les pièces d'eau, le Grand Canal, avec ses dimensions impressionnantes (1800 mètres dans le sens est-ouest, 1500 dans le sens nord-sud pour une largeur de 60 mètres), est rapidement doté d'une véritable flottille : chaloupes, yachts anglais, gondoles offertes par la république de Venise, felouques napolitaines... L'hiver, la surface glacée du Grand Canal permet au roi de goûter au plaisir de promenades en traîneau. Abondante dans les jardins, l'eau demeure cependant des plus discrètes dans le château lui-même, dont l'équipement sanitaire se réduit au strict minimum : le seul cabinet de bains du roi !

LA MACHINE DE MARLY

Pour l'époque, Versailles représente un chantier gigantesque. Rien ne prédispose en effet Versailles à offrir le spectacle éphémère mais saisissant de ces multiples effets d'eau. Le village est installé sur un site marécageux, où ne coule qu'un minuscule ruisseau, le ru de Galie. Les exigences insatiables du Roi-Soleil poussent donc à trouver l'eau à des distances toujours plus grandes, la dompter, puis l'acheminer. La fine fleur des savants, des ingénieurs et des fontainiers est mobilisée. Les travaux commencent par le pompage de l'eau dans un étang voisin du château, mais très vite ses ressources ne suffisent plus. Tout un complexe de réservoirs, de pompes actionnées par des manèges à chevaux ou des moulins à vent, d'aqueducs, de conduites en plomb et en fonte marquées de la fleur de lys est alors conçu et mis en place pour alimenter les jeux d'eau du parc.

LA MACHINE DE MARLY

L'eau de la Seine, retenue par un barrage, était remontée par des canalisations en fonte jusqu'à un aqueduc menant à Versailles. Ainsi, elle pouvait alimenter les 1 400 jets et 32 bassins qui ornaient les jardins.

Au début des années 1680, la désormais célèbre machine de Marly, destinée à remonter les eaux de la Seine jusqu'à Versailles, est construite. Ce véritable bijou de technologie comprend quatorze roues à aubes, plus de deux cent cinquante pompes réparties en trois paliers qui puisent et élèvent l'eau, reprise par un aqueduc qui rejoint Versailles par écoulement gravitaire. Mais ce complexe moulin à eau se révèle rapidement fragile et somme toute assez peu productif. L'idée de détourner les eaux de la Loire est un temps esquissée. En 1684, on entreprend de dériver les eaux de l'Eure. Pas moins de trente mille hommes, dont de nombreux régiments, sont réquisitionnés pour ce chantier. Coûteux en vies humaines, sans parler de ses conséquences sur les finances royales, le creusement du canal ne sera pas achevé. Il s'arrête avec la guerre de Succession d'Espagne.

Malgré les échecs et les insuffisances techniques, chaque jour, le Roi-Soleil se plaît à contempler ses magnifiques jardins sans cesse animés par les eaux. Toutefois, à l'insu du monarque, les fontainiers économisent comme ils le peuvent le précieux liquide, n'ouvrant les robinets qu'à l'approche de Sa Majesté pour les fermer sitôt après son passage...

L'EAU EN VILLE

À côté des fastes royaux, une des préoccupations principales demeure l'approvisionnement des grandes villes en eau, en France comme à l'étranger. Depuis le Moyen Âge, Paris a dû se contenter des eaux de la Seine, de quelques sources des coteaux environnants, ainsi que des nombreux puits (30 000 au début du XIXe siècle) fournissant une eau de qualité douteuse. On avait perdu jusqu'au souvenir de l'aqueduc romain qui, du IIe jusqu'au IXe siècle, avait amené à Paris des eaux de sources. Sous l'impulsion de Bonaparte, de nouvelles ressources sont mobilisées grâce à la déviation, par un canal qui ne sera complètement achevé qu'en 1824, des eaux de l'Ourcq. Mais l'eau est de mauvaise qualité et, en 1831, de terribles épidémies de choléra s'abattent sur la population. S'ajoutant à l'essor industriel et démographique, les préoccupations concernant l'hygiène et la santé humaine, venues d'Angleterre, impliquent de doter la ville d'une alimentation en eau de qualité et d'un assainissement efficace. Les techniques de traitement, en particulier la filtration, s'élaborent, et on commence à généraliser la distribution à domicile tout en se mettant en quête de nouvelles ressources. Ainsi, à partir de 1854, l'ingénieur Eugène Belgrand renoue d'une certaine façon avec la tradition romaine ; il choisit d'alimenter Paris en eau de source, par voie gravitaire et sans traitement. Il lui faut donc chercher ces eaux à grande distance, pour bénéficier à la fois de l'altitude nécessaire à leur écoulement sans pompage et de la pureté menacée, à ses yeux, par la présence de gypse aux alentours immédiats de Paris. Finalement, à partir de 1865, les eaux de la Dhuis (venant de la région de Château-Thierry) puis celles de la Vanne (depuis la région de Sens) sont acheminées vers Paris grâce à deux aqueducs, respectivement de 130 et 150 kilomètres.

D'autres grandes villes européennes, comme Bruxelles ou Birmingham, alors principale ville industrielle d'Angleterre, qui mobilise à son profit les eaux du pays de Galles, font le même

LE PUITS ARTÉSIEN

Achevé en 1841, ce puits, profond de 548 m, remonte l'eau souterraine jaillissante située à Grenelle (Paris). Son débit de 900 m³ par jour se révélera bien trop modeste pour alimenter la ville.

choix que Paris. Après quelques hésitations, Londres, qui avait un temps convoité les eaux du pays de Galles, décide finalement d'assurer son approvisionnement à partir des eaux de la Tamise. Ce choix technique, qui s'est généralisé aujourd'hui, impose de traiter l'eau, très sensible aux pollutions dans les régions industrialisées et urbanisées. L'eau doit d'abord être filtrée, puis chlorée, afin de venir à bout de graves problèmes sanitaires tels que l'épidémie de "Broad Street Pump" (1854), à l'occasion de laquelle l'origine hydrique du choléra a pu être démontrée. Si l'initiative privée a eu sa place dans ce grand mouvement d'**adduction** et d'assainissement de l'eau à travers l'Europe, les municipalités ont voulu en avoir la maîtrise, et ce sont elles qui ont mené et financé l'essentiel de ces politiques d'aménagement, ne laissant souvent aux compagnies des eaux nouvellement créées que les tâches de branchement et de facturation.

L'ASSAINISSEMENT

Jusqu'à la fin du XVIIIe siècle, l'assainissement est pratiquement inexistant dans les grandes villes. Les eaux de pluie et les eaux usées s'écoulent, ou stagnent, dans un ruisseau qui occupe le centre des rues, et finissent par rejoindre les cours d'eau les plus proches. Les fosses d'aisance situées sous les maisons sont périodiquement vidangées et occasionnent des pestilences et des infiltrations redoutables pour les puits. L'Angleterre est le premier pays à utiliser les progrès de la chimie et de la biologie et décider de s'équiper de systèmes d'assainissement et d'**épuration**. La construction d'un véritable réseau d'égouts à Paris commence au début du XIXe siècle ; il ne s'imposera définitivement que bien plus tard, après maintes résistances.

LES DÉLICES DU BAIN

Avec l'arrivée de l'eau courante, la salle de bains apparaît dès les années 1880. La baignoire existe depuis l'Antiquité, mais son usage restait l'apanage de quelques privilégiés.

En 1870, la capitale française reçoit chaque jour 350 000 mètres cubes d'eau, score encore amélioré par l'installation, au tournant du siècle, d'usines de traitement des eaux de la Marne et de la Seine. L'aspect et l'hygiène de la ville, la santé publique en sont considérablement améliorés. La généralisation de l'eau courante à domicile, l'hygiène et le confort personnels, autrefois luxe d'une poignée de privilégiés, vont lentement se démocratiser. La distribution de l'eau courante est le premier exemple d'automatisation complète d'une activité. Elle porte un coup fatal à la pittoresque corporation des porteurs d'eau qui disparaît définitivement en 1875, et conduit à une baisse vertigineuse du prix de l'eau. En 1950, l'eau du robinet vaut environ cent fois moins cher que l'eau livrée manuellement un siècle plus tôt, avec, de surcroît, une amélioration considérable de sa qualité. Au-delà de l'hygiène et du confort, l'eau abondante et bon marché et un assainissement efficace se révèlent également des facteurs de développement des activités commerciales et économiques.

L'ESSOR DU THERMALISME

Il n'est pas étonnant que le XIXᵉ siècle ait appuyé l'essor du thermalisme sur un discours scientifique. Les établissements thermaux existent depuis l'Antiquité en Égypte, en Grèce et à Rome. Il serait bien difficile, surtout à Rome, de démêler les motivations hygiéniques, thérapeutiques et conviviales de leur fréquentation. Après la chute de Rome et au Moyen Âge, l'habitude de « prendre les eaux » s'est conservée. Aux XIᵉ et XIIᵉ siècles, les croisés soignent dans des stations pyrénéennes les maladies qu'ils ont contractées en Orient. Au XVIIᵉ siècle, Colbert établit le premier inventaire des eaux thermales françaises et de leurs propriétés, alors que l'on commence à entrevoir l'intérêt commercial qu'elles pourraient revêtir. Au début du XIXᵉ siècle, on compte, surtout en France et en Allemagne, des centaines de petites stations thermales, qui se sont formées de façon plus ou moins désordonnée et qui vendent parfois leur eau embouteillée.

Peu à peu s'impose un modèle de ville d'eau, très codifié, qui va connaître jusqu'à nos jours un immense succès. Le complexe, sorte de ville idéale, se compose de l'établissement thermal proprement dit (les bains), de l'hôtel et du casino regroupés autour d'un parc.

LA THÉRAPIE PAR L'EAU

Pasteur dénonce à la fin du XIXᵉ siècle l'empirisme de ce traitement qui connaît pourtant un grand succès depuis l'Antiquité. Le XXᵉ siècle repositionnera le thermalisme comme un complément aux soins classiques.

À côté des préoccupations thérapeutiques, les mondanités et les plaisirs de la table, ceux de la salle à manger et ceux de la salle de jeux ne sont pas oubliés, au grand désespoir des médecins et des moralistes. Des sociétés anonymes se créent, très attentives à l'image de leur station. Elles cherchent à attirer une clientèle étrangère fortunée. Français et Allemands se livrent une concurrence acharnée, et la station de Baden-Baden fait alors figure de référence. En fait, la cure devient souvent un alibi et on assiste, avec le développement et l'organisation des villes d'eau, à la naissance de l'industrie du tourisme, rendue possible par l'enrichissement de la bourgeoisie, avide de dépaysements et de découvertes, et par le développement des transports, tout particulièrement du chemin de fer. C'est le début du succès des eaux minérales mais aussi de sources qui, depuis, ne cesse d'augmenter, les Italiens détenant la palme de la consommation annuelle d'eau en Europe par habitant.

STOCKER L'EAU : POURQUOI ?

Avec l'accroissement de la demande en eau et des capacités techniques qui sont apparues au XIXᵉ siècle, les **barrages** sont devenus, au siècle suivant, le principal instrument d'aménagement hydraulique, associés avant tout à l'**hydroélectricité** et à l'irrigation. L'idée de barrer le cours d'une rivière pour stocker l'eau en prévision des sécheresses remonte à la plus haute Antiquité :

les premiers barrages auraient pu être construits en Mésopotamie il y a 8 000 ans, mais leur taille est toujours restée très modeste.

La production d'énergie hydroélectrique consiste à récupérer, en aménageant une chute grâce à un barrage, un travail qui, à l'état naturel, se dissipe sous forme de frottements et de chaleur. Mais le barrage permet aussi de constituer une réserve d'eau qui peut avoir de multiples utilités. Le régime naturel des rivières – la façon dont varie leur débit – ne convient en effet pas nécessairement à la demande en eau ou aux exigences de sécurité. Le barrage et la capacité de réserve qui lui est associée représentent alors les instruments permettant, dans une certaine mesure, de fournir de l'eau pendant les périodes de basses eaux (**étiages**) et/ou de retenir de l'eau pendant les crues. À l'échelle mondiale, c'est essentiellement la demande en eau d'irrigation qui est invoquée pour justifier la plupart des projets, souvent fort ambitieux.

LE GIGANTISME DES BARRAGES

En terre, en maçonnerie ou en béton, les barrages sont des ouvrages d'art parfois audacieux. Les plus importants d'entre eux témoignent de façon spectaculaire de l'emprise de l'homme sur la nature et jouent un rôle symbolique ou politique particulièrement prisé par les régimes autoritaires. Il existe des barrages de toutes tailles et ce sont les plus petits, très nombreux et souvent construits de façon précaire, qui sont à l'origine de la plupart des inondations. Les flots en crue sont contraints de s'engouffrer dans des canaux trop petits, provoquant ainsi rupture des digues. *A contrario*, les grands barrages font l'objet d'études techniques préliminaires approfondies et leurs ruptures sont fort heureusement rarissimes.

BARRAGE DE HOOVER

Ce barrage construit sur le Colorado est le plus grand de tous ceux construits aux États-Unis. Sa station hydroélectrique génère 1 300 mégawatts. Son lac de retenue a en partie affecté l'écosystème.

Les États-Unis (Hoover Dam, Grand Coulee), dès les années 1930, puis l'ex-URSS, après la guerre (Bratsk, Krasnoïarsk), ont inauguré une course au gigantisme qui s'est poursuivie au Canada (Manicouagan, baie James), en Égypte (Assouan), au Brésil et au Paraguay (Itaipu). Les derniers avatars sont le *Great Anatolian Project* sur le Tigre et l'Euphrate en Turquie, et le barrage des Trois-Gorges – actuellement en construction sur le Yangzi Jiang en Chine –, conçu pour répondre aux besoins croissants de la consommation électrique du pays, mais également pour tempérer les débordements du fleuve. Parmi les ouvrages existants, le plus haut (300 mètres) est le barrage de Nurek construit en 1980 au Tadjikistan ; le barrage de Kakhovskaya en Ukraine, datant de 1957, possède le plus grand réservoir (182 milliards de mètres cubes) ; enfin, le barrage d'Itaipu édifié en 1983 sur le fleuve Parana, entre le Brésil et le Paraguay, avec 12 600 mégawatts – l'équivalent d'une bonne dizaine de centrales nucléaires –, est celui qui développe, aujourd'hui, la plus grande puissance hydroélectrique.

PÉRILS CONTRE AVANTAGES

Cependant, les grands barrages ne présentent pas uniquement des avantages. Ils ont parfois des incidences très lourdes tant pour les populations locales que pour l'équilibre écologique d'une région. La première concerne le lac de retenue qui va occuper des territoires jusqu'ici habités et utilisés. Mais bien souvent, des milliers de personnes sont déplacées. Ces migrations nécessaires sont toujours douloureuses pour ceux qui les subissent. Selon un recensement du *International River Network*, en Inde, près d'un million et demi de personnes ont été expulsées par la construction de trente-six barrages au cours des quarante dernières années. Les personnes à qui l'on demande sans ménagements de laisser la place au lac de retenue du barrage des Trois-Gorges, long de plusieurs centaines de kilomètres, se comptent par millions. Sans parler des milliers de sites bordant son parcours menacés.

On pourrait multiplier les exemples, surtout dans le Tiers Monde, car dans les pays développés, la plupart des sites favorables ont déjà été utilisés. Longtemps, le problème des déplacements de populations a été négligé ou sous-estimé : on se contentait d'indemnisations souvent très modestes. La doctrine mise en avant de nos jours consiste à promettre aux populations un niveau de vie au moins égal à celui qu'elles avaient avant l'aménagement.

Au plan culturel, les grands barrages condamnent souvent des sites historiques ou archéologiques. Le sauvetage des temples d'Abou Simbel, en Égypte, qui ont été découpés, démontés et reconstruits sous l'égide de l'Unesco lors de la construction du haut barrage d'Assouan, est une extraordinaire réussite, mais elle a demandé la mise en œuvre de moyens techniques et financiers considérables qui ne peuvent évidemment pas être mobilisés lors de chaque chantier. Pour de telles réalisations, beaucoup de trésors sont perdus et il n'est pas rare que des archéologues cherchent en toute hâte à sauver ce qui peut l'être sous la pression des eaux qui montent lors de la mise en eau d'un barrage.

DES PAYSAGES MODIFIÉS

Si l'argument mis en avant pour la construction de nombreux grands barrages est la mise en valeur de nouvelles terres agricoles par l'irrigation, paradoxalement, ils noient souvent des terres fertiles ou bouleversent des équilibres écologiques riches, voire uniques. En effet, les lacs qui remplacent les rivières n'abritent pas les mêmes espèces animales et végétales. En milieu tropical, cette modification de la faune et de la flore peut avoir des conséquences sanitaires importantes. Parmi les nouvelles espèces qui trouvent des conditions favorables à leur déve-

loppement dans le nouveau milieu, certaines, comme les vers, les mollusques ou les larves de mouches et de moustiques, sont les vecteurs de maladies redoutables, tels la **bilharziose**, l'onchocercose ou encore le paludisme. Même si, la plupart du temps, des études préliminaires sont soigneusement réalisées et que les meilleures précautions sont prises, comme ce fut le cas lors de la construction du barrage de Petit-Saut, mis en eau en 1994 dans la forêt équatoriale de la Guyane française, l'impact écologique d'un barrage n'est jamais négligeable.

Enfin, le fonctionnement physique du réservoir peut se révéler aussi être un problème. Les **sédiments**, transportés par les rivières dont le cours est rapide, se déposent dans les lacs dont les eaux sont stagnantes. Ils remplissent les réservoirs, parfois très vite dans les pays arides où les apports solides sont souvent importants, limitant d'autant leur utilité et leur durée de vie. Par contre, ces mêmes sédiments font parfois défaut à l'aval, lorsqu'ils fertilisaient les terres : c'est le cas aujourd'hui du limon fertile du Nil, qui s'accumule derrière le barrage d'Assouan, tandis qu'on doit apporter des engrais chimiques pour amender les cultures en aval. Tout cela amène à réfléchir... Les projets d'aménagement fondés sur les barrages sont de plus en plus controversés et leur réalisation se heurte souvent à une hostilité déclarée. Trop souvent construits en dépit des conséquences écologiques, certains barrages ont même transformé des terres fertiles en immenses marécages ! Et à mettre en avant le bénéfice de leurs réalisations – production d'énergie, irrigation et/ou protection contre les crues –, on en oublie parfois les dangers (destruction des écosystèmes et coût financier qui n'est pas des moindres).

LA LONGUE HISTOIRE DE LA CONQUÊTE DE L'EAU

Les mers, les fleuves, les rivières et les sources ont structuré l'espace des hommes, influé sur le peuplement des continents, comme ils ont favorisé l'essor de certaines civilisations ou de certaines cités. Les hommes ont profité de leurs bienfaits et subi leurs humeurs, tout en cherchant à s'affranchir de leur tutelle. Aucune phase du cycle de l'eau n'a été épargnée. On a puisé l'eau des rivières et des lacs, recueilli celle des pluies dans des citernes. On a creusé des puits et des galeries drainantes (*qanas* en Iran, *foggaras* au Maghreb) pour exploiter les sources souterraines. On a cherché à condenser l'humidité de l'air dans des puits aériens et à provoquer artificiellement des **précipitations**. L'imagination de l'homme s'est montrée sans limites en la matière. On dessale aujourd'hui l'eau de mer ; on a même tenté, en Russie, de faire fondre des glaciers en noircissant leur surface pour qu'ils absorbent davantage l'énergie solaire ou encore de remorquer des icebergs des mers du Sud à travers les océans vers l'Arabie Saoudite. Tous les

moyens techniques possibles ont été mis en œuvre pour détourner, diriger ou stocker l'eau douce. Non contents de la prélever pour satisfaire leurs besoins domestiques, industriels et agricoles sans cesse croissants, jusqu'à assécher parfois les nappes souterraines (voire des mers intérieures, comme celle d'Aral), les hommes ont beaucoup compté sur les rivières pour les poissons qu'elles étaient capables de leur procurer, pour les voies de communication qu'elles leur offraient, pour l'énergie qu'elles étaient susceptibles de produire, mais aussi pour diluer et évacuer leurs déchets, au risque de les asphyxier.

L'ACCÈS À L'EAU POUR TOUS

L'eau douce est certes une ressource renouvelable, mais elle est limitée et très inégalement répartie. Certaines régions du monde, en particulier l'Afrique du Nord, le Moyen-Orient, l'Asie centrale, le sous-continent indien, mais aussi l'ouest des États-Unis, le nord-est du Brésil et l'Australie, connaissent déjà des situations de grande tension sur les **ressources en eau**. Par ailleurs, le gaspillage et l'augmentation de pollutions de toutes natures liées à l'intensification des activités industrielles pèsent sur la disponibilité des ressources. Dans un monde de plus en plus urbanisé, le manque d'eau douce de qualité est l'un des principaux défis du XXIe siècle naissant. Si une prise de conscience s'est établie dans les pays développés, permettant notamment de réduire déjà sensiblement les pollutions d'origine industrielle ou urbaine, elle reste encore quasi absente dans les pays en voie de développement et n'est que récente à l'échelle mondiale.

UNE MATIÈRE PREMIÈRE STRATÉGIQUE

Cette affiche engageant à ne pas gaspiller l'eau, devenue denrée rare, était exposée en Arabie Saoudite, le pays roi du pétrole. À quand le cours de l'eau devançant celui du pétrole ?

Depuis 1977, date de la première conférence internationale sur l'eau à Mar del Plata, en Argentine, de nombreux congrès, colloques internationaux se sont tenus pour tenter de remédier à cette situation préoccupante. Les années 1980 ont même été baptisées « décennie internationale de l'eau potable », avec pour priorité majeure de garantir l'accès pour tous à une eau de qualité. Malgré des résultats encourageants, un milliard et demi d'habitants de la planète n'ont toujours pas accès à l'eau potable. Plusieurs millions de personnes meurent chaque année, par manque d'eau ou par la consommation d'une eau souillée.

Face à cette situation intolérable dans le monde actuel, une action concertée à l'échelle de la planète s'impose. Une vision commune semble aujourd'hui se dégager. Pour ne pas compromettre l'avenir des générations futures, elle prône une gestion intégrée, durable et solidaire de nos ressources en eau. Des stratégies d'actions ont d'ailleurs été esquissées à l'horizon 2025. Scénario et chiffres à l'appui, elles ont été initiées lors de la Conférence de Paris sur l'eau et le **développement durable** (1998), et présentées à La Haye au mois de mars 2000 lors du second Forum mondial de l'eau. Pour enfin fournir de l'eau potable à l'ensemble des mégalopoles du Tiers Monde, créer des réseaux d'assainissement, mettre en place des systèmes d'irrigation plus économes en eau, l'effort d'investissement à consentir sur les deux prochaines décennies est colossal, représentant plus du double des sommes actuellement investies, sans parler de l'augmentation des coûts de fonctionnement.

L'EAU EST-ELLE UNE MARCHANDISE ?

Face à ces besoins d'investissement considérables, les pays en voie de développement se trouvent les plus démunis. Ces dernières années, beaucoup de grandes villes du Sud, de Buenos Aires à Manille, se sont tournées vers des opérateurs privés pour prendre en charge leur approvisionnement en eau, ainsi que leur assainissement. L'eau est devenue un marché mondial et deux groupes français, Vivendi (Compagnie générale des eaux) et Ondéo (Suez-Lyonnaise des eaux), occupent les premières places au niveau mondial. Si d'aucuns critiquent cette « privatisation de l'eau », il semble aujourd'hui impossible d'écarter l'intervention d'opérateurs privés, même si, dans presque tous les pays du monde, les pouvoirs publics conservent l'organisation et le contrôle des services collectifs. Leur apport en terme de savoir-faire est indéniable et, en terme de capitaux, il est indispensable pour financer des investissements que les États et les organismes internationaux n'ont pas su, pas pu ou pas voulu engager.

Mais quand l'usager devient client, alors se pose la question du prix de l'eau. Pour certains, l'eau est un droit universel et ne peut être traitée comme une marchandise. Mais si, en tant que bien vital, elle n'a pas de prix, elle a néanmoins un coût. Sa raréfaction conduit à la considérer comme un bien économique et à faire payer le consommateur pour le transport, le stockage et le traitement. Les entreprises et certains experts estiment d'ailleurs que la gratuité est source de gaspillage, qu'elle empêche de moderniser les réseaux existants et pénalise, au final, les plus pauvres qui n'y sont même pas raccordés. Reste alors, bien sûr, la solution de facturer l'eau à un tarif acceptable. D'une façon générale, et pour une gestion plus efficace des ressources, des règles claires de partenariat entre public et privé doivent être définies, et de nouveaux modes de gestion, déjà en vigueur dans certains pays, pourraient tracer la voie pour l'avenir : une gestion intégrée à l'échelle des bassins hydrographiques, contrôlée par un organisme représentatif de l'ensemble des usagers de l'eau, à l'instar des comités de bassins en France, ayant pour mission de concilier intérêts privés et publics et de mettre en place des solutions adaptées tenant compte des faibles revenus de certaines des populations desservies. Autre élément, gage d'efficacité : l'implication des usagers. Certaines expériences menées dans le Tiers Monde ont été conduites avec succès à l'échelle d'un village ou d'un quartier, en associant de façon concrète les habitants, notamment les femmes, à l'exploitation de l'eau. Une piste à suivre. L'eau est à la fois l'affaire de chacun et notre patrimoine à tous.

VOIR

TANTÔT MENAÇANTE, TANTÔT NOURRICIÈRE, L'EAU SE DONNE
À CONTEMPLER : LIQUIDE, FUMANTE, FIGÉE, JAILLISSANTE OU ÉTALE.
PLONGEZ SANS VOUS MOUILLER DANS L'IMMENSITÉ BLEUE
ET DÉLECTEZ-VOUS DE SES FORMES

Déferlante comme la vague de l'océan.

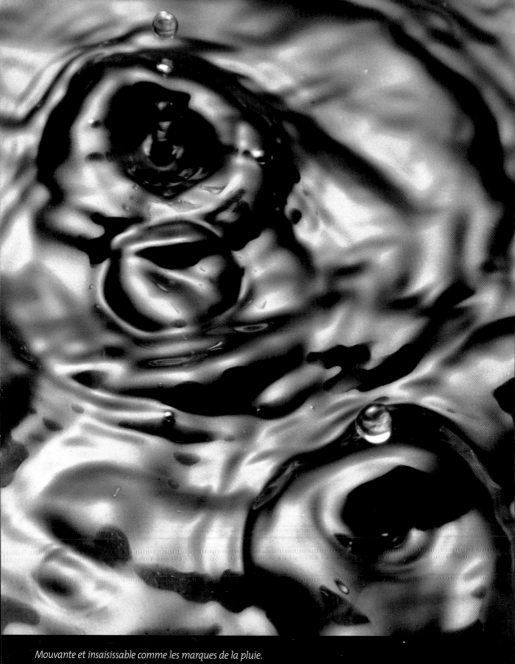

Mouvante et insaisissable comme les marques de la pluie.

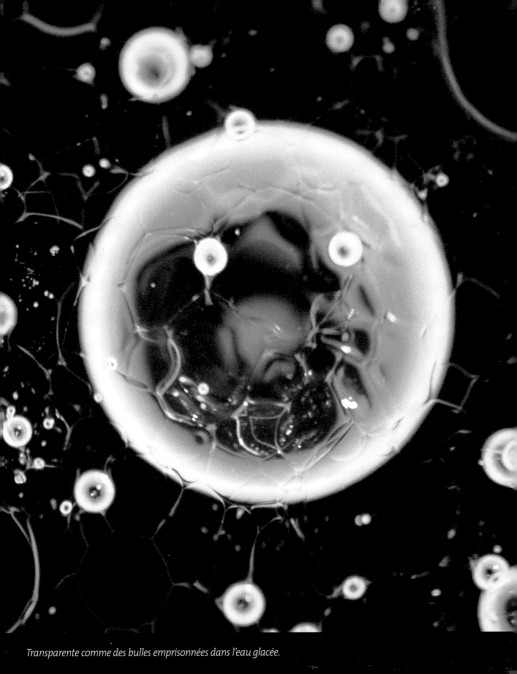

Transparente comme des bulles emprisonnées dans l'eau glacée.

Étincelante de blancheur bleutée comme l'iceberg.

Abyssale comme les profondeurs de la mer.

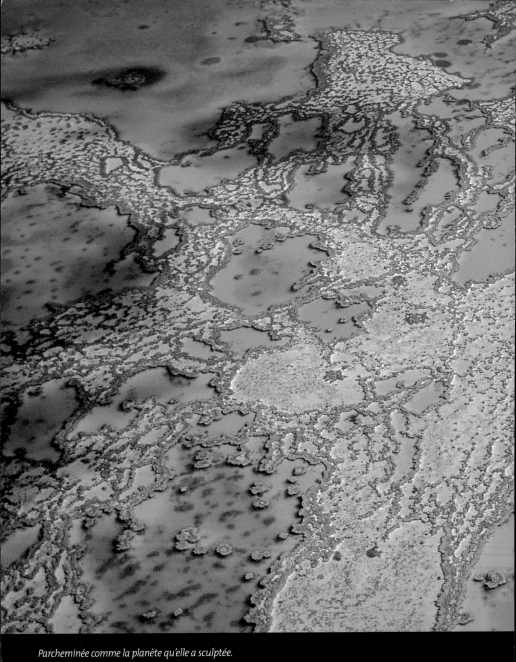

Parcheminée comme la planète qu'elle a sculptée.

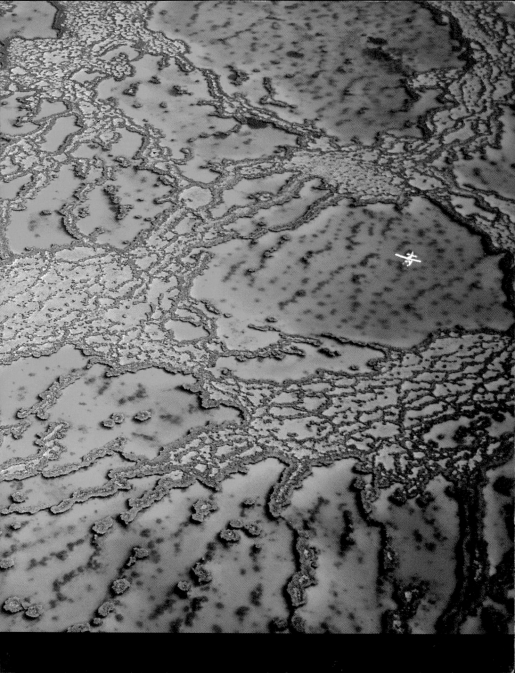

Troublante comme un reflet.

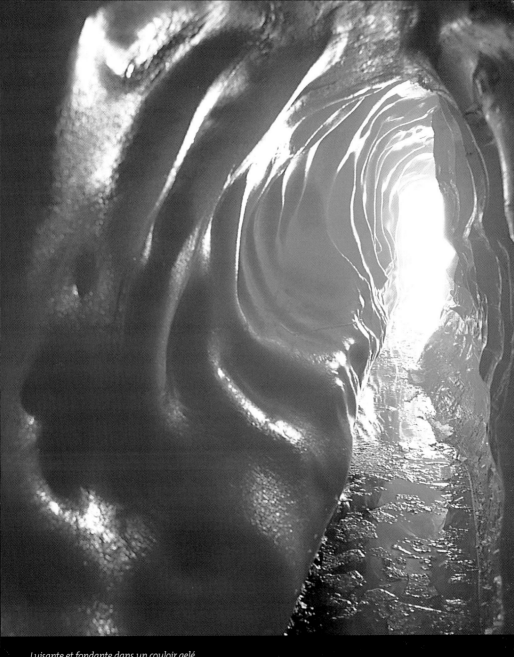

Luisante et fondante dans un couloir gelé.

Fragile comme une larme suspendue.

Précipitée d'une hauteur vertigineuse.

Trompeuse comme l'eau chaude qui se déguise en glace.

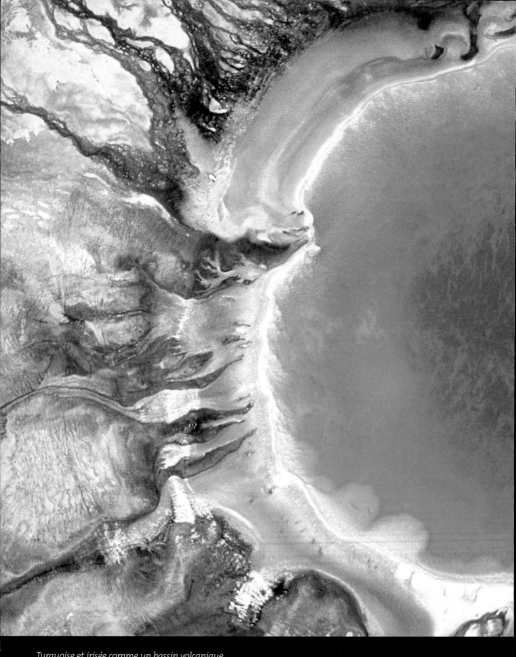

Turquoise et irisée comme un bassin volcanique.

Eau surgie d'une légende et pourtant ô combien réelle...

COMPRENDRE

D'OÙ VIENT L'EAU ? QUELLES SONT LES RESSOURCES EN EAU DE NOTRE PLANÈTE ? COMMENT CETTE RESSOURCE EST-ELLE EXPLOITÉE PAR L'HÓMME ? GASPILLÉES, POLLUÉES, LES RÉSERVES EN EAU DOUCE VONT-ELLES DEVENIR "L'OR BLEU" DU XXIᴱ SIÈCLE ? IL RESTE VINGT-CINQ ANS POUR AGIR... AVANT QU'IL NE SOIT TROP TARD !

La planète bleue

Si notre planète a offert un milieu favorable au développement de la vie, c'est parce que 70 % de son eau s'y trouve à l'état liquide.

La Terre, une planète privilégiée

Baignée par les océans, la Terre mérite bien son surnom de "planète bleue". Si on trouve de l'eau ailleurs dans notre système solaire, dans le sous-sol glacé de Mars ou l'atmosphère torride de Vénus, seule notre planète possède cet élément sous forme liquide. Une particularité à l'origine d'une fabuleuse histoire : c'est dans les océans que les premières formes de vie sont apparues, il y a quelque 3,5 milliards d'années. L'eau existe aussi sur le globe à l'état solide dans les glaciers et à l'état gazeux dans l'atmosphère.

L'eau disponible

Si la Terre est généreusement pourvue en eau, seule une faible quantité peut être aisément exploitée par l'homme. L'eau salée, très abondante, est impropre à la consommation directe. Quant à l'**eau douce**, principalement stockée dans les calottes glaciaires de l'Antarctique et du Groenland, une grande partie du reste est accumulée dans des nappes souterraines profondes, souvent inaccessibles. Les fleuves et les rivières qui assurent l'essentiel de nos besoins ne représentent qu'un millionième du volume d'eau de la planète.

Une situation idéale

Sur la Terre, l'eau est maintenue en grande partie à l'état liquide, car notre planète est située à une distance optimale du Soleil. Son champ de gravité est par ailleurs assez fort pour retenir l'eau à sa surface. Une situation unique dans notre système solaire.

Une goutte d'eau douce dans un océan salé

Les océans constituent une part écrasante du stock d'eau de la planète ; ils représentent à eux seuls un volume de 1 338 millions de km³.

Les réservoirs d'eau douce de la Terre

L'eau douce occupe un volume de 34,7 millions de km³, réparti de façon inégale entre les différents réservoirs. 70 % de l'eau douce est stockée sous forme de glace, de neige. Si tous les glaciers de la planète fondaient, le niveau des mers remonterait de 200 mètres !

RÉPARTITION DES STOCKS D'EAU DOUCE DE LA TERRE (en pourcentages)

Eaux biologiques **0,0003 %**	Fleuves et rivières **0,0006 %**	Marais **0,003 %**

Eau douce

L'EAU DE LA TERRE

Le volume total de l'eau sur la Terre est évalué à presque 1400 millions de km³. La plus grande partie est constituée par les mers et les océans. Si l'on ne prend pas en compte les glaciers, les réserves d'eau douce sont infimes par rapport au volume total.

97%
Eau salée (mers et océans)

3%
Eau douce
(dont 2% gelée (glaciers) et
1% liquide (rivières, lacs, zones
humides, nappes souterraines)

Humidité de l'air
0,004%

Humidité des sols
0,05%

Lacs
0,26%

Eaux souterraines
30,1%

Glaciers
68,7%

Le cycle de l'eau

L'eau circule en permanence entre les océans, les continents et l'atmosphère. Une ronde sans fin où s'échangent l'eau sous forme liquide, la vapeur et la glace.

Un mouvement perpétuel

Le stock d'eau de la planète est quasiment inchangé depuis que les premiers nuages se sont formés. Mais des échanges incessants s'effectuent entre les différents réservoirs que contient la Terre. L'eau passe en permanence de l'un à l'autre, son temps de séjour étant variable, d'une semaine dans l'air à plusieurs milliers d'années dans les glaciers. Au cours de son voyage, l'eau change d'état, devenant vapeur avant de retomber en pluie ou en neige. C'est grâce aux 110 000 km³ qui arrosent chaque année les continents, que nos **réserves** d'eau **douce** se reconstituent régulièrement.

Un réseau complexe

Sous l'action du Soleil et du vent, l'eau des océans s'évapore, se condense et retombe en **précipitations** au-dessus des continents, alimentant rivières et **nappes,** pour finir sa course dans la mer. Puis tout recommence. Cette description classique du cycle de l'eau ne retrace qu'une partie des chemins qu'elle emprunte : il pleut sur les océans ; les végétaux transpirent de l'eau ; enfin, l'eau s'évapore à partir des sols, des lacs et des rivières.

Déperdition d'eau

Seuls 40 % des précipitations qui tombent sur les continents vont recharger les nappes et les cours d'eaux ; le solde part en évaporation.

Un rôle clé sur le climat

L'énorme quantité d'eau qui nous entoure transfère par évaporation de l'énergie à l'atmosphère et la réchauffe. Sa capacité de stockage de la chaleur est 1 200 fois supérieure à celle de l'atmosphère. Ainsi les océans ont une influence considérable sur les climats, les variations saisonnières et les précipitations.

> **BON À SAVOIR**
>
> *Les continents fournissent en moyenne deux fois plus d'eau à l'atmosphère qu'ils n'en déversent dans les océans. Si les précipitations étaient également réparties, chaque point du globe recevrait 72 centimètres d'eau par an.*

2 LA CONDENSATION
La vapeur d'eau se refroidit au contact de l'air et se condense en milliards de gouttelettes qui forment des nuages.

2

4

4 LES PRÉCIPITATIONS
Transportés par la circulation atmosphérique, les nuages se déplacent sur les continents. Subissant l'effet de la pesanteur, la vapeur d'eau retombe à la surface de la Terre sous forme de pluie ou de neige.

3 LA TRANSPIRATION
Les plantes puisent l'eau qui leur est nécessaire dans le sol par les racines. Elles "transpirent" et rejettent une grande partie de l'eau sous forme de vapeur dans l'atmosphère.

3

5 LE RUISSELLEMENT
L'eau qui ruisselle alimente rivières et fleuves ; ces derniers la ramènent à la mer ou à l'océan.

1 L'ÉVAPORATION
L'énergie solaire réchauffe les océans. Sous son action, l'eau de mer, distillée et débarrassée de ses impuretés, s'élève dans l'atmosphère. L'évaporation est plus forte sur les océans que sur les continents.

5

Lac

1

6

6 L'INFILTRATION
L'eau de pluie infiltrée dans les nappes peut séjourner dans le sous-sol des milliers d'années avant de retourner à l'océan.

Mers et océans

LE CYCLE DE L'EAU : UNE PUISSANTE "MACHINE THERMIQUE"
L'eau voyage sans cesse entre les différents réservoirs interconnectés. Principal moteur de cette machine thermique, l'énergie du Soleil. Un cycle à l'œuvre, à l'échelle de la planète, depuis quatre milliards d'années.

Des "châteaux d'eau" sous la terre

Les eaux souterraines constituent un gigantesque réservoir à l'échelle de la planète, invisible et méconnu.

Les nappes aquifères

Une fois infiltrée dans le sol, l'eau de pluie chemine en fonction de la composition géologique des sous-sols, plus ou moins perméables. L'eau imprègne les roches poreuses (sable, gravier) ou se fraie un passage le long des fissures de roches massives (granit, calcaire). C'est en occupant les vides laissés par les roches qu'elle forme une **nappe**.

Un long séjour sous terre

Les eaux stockées dans les nappes s'écoulent sous la terre pour parfois resurgir à la surface par une **source**, lorsque la couche géologique imperméable qui lui sert de plancher affleure à la surface du sol. Le point d'arrivée n'est pas toujours visible. Certaines nappes finissent leur parcours souterrain sur le littoral ou dans le lit d'un cours d'eau. Les eaux souterraines alimentent ainsi les fleuves et peuvent constituer jusqu'à un tiers de leur **débit** moyen. Les eaux souterraines résident en moyenne 20 ans sous terre, mais ce séjour peut être plus bref ou durer plusieurs siècles. Dans le Sahara, des nappes très profondes contiennent des eaux fossiles vieilles de plus de 35 000 ans !

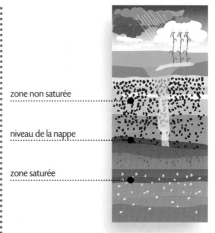

zone non saturée

niveau de la nappe

zone saturée

NAPPES CAPTIVES
Souvent plus profondes que les nappes libres, elles sont situées entre deux couches imperméables.

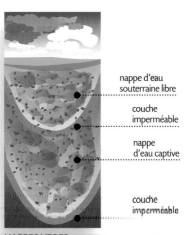

nappe d'eau souterraine libre

couche imperméable

nappe d'eau captive

couche imperméable

NAPPES LIBRES
Facilement accessibles, elles ne sont pas retenues par une couche imperméable.

QU'EST-CE QU'UNE NAPPE PHRÉATIQUE ?

Ce n'est ni un lac souterrain, ni une rivière souterraine. Et pourtant, c'est dans ce réservoir que nous puisons une partie de l'eau dont nous avons besoin. Une **nappe phréatique** (du grec *phréos*, "puits") est une nappe libre facilement accessible. Sa profondeur ne dépasse généralement pas 50 mètres.

1 FORMATION DE LA NAPPE

L'eau traverse le sol et les roches perméables : sable, gravier, craie... Sa descente est arrêtée par un niveau imperméable. Elle s'accumule alors, jusqu'à ce que la roche imbibée soit saturée, puis s'étale.

2 VOYAGE JUSQU'À LA SOURCE

L'eau de la nappe ainsi formée va s'écouler sous la terre jusqu'à sa source. Un voyage de courte durée, de quelques mois seulement, pour les nappes superficielles.

3 LES NAPPES ALLUVIALES

Les fleuves ont déposé dans les vallées cailloux, sable et gravier. Ces alluvions sont très poreuses. Des nappes souterraines jalonnent ainsi les bords des fleuves et les accompagnent jusqu'à la mer.

LA TERRE SCULPTÉE PAR L'EAU

L'eau est un remarquable solvant. Son travail accompli dans les massifs calcaires pendant des millions d'années a creusé les fissures existantes. Avec le temps, celles-ci sont devenues de véritables galeries, pour le plus grand bonheur des spéléologues et des touristes.

Une richesse inégalement répartie

L'eau est un avantage naturel pour un pays. Le Canada ou la France sont mieux dotés que la Tunisie ou le Koweït. Principal facteur expliquant les disparités de ressources : le climat.

Le climat

L'**eau douce** n'est pas distribuée de façon égale sur la planète, les zones tempérées, tropicales humides ou équatoriales étant plus généreusement arrosées que les zones arides. Il pleut 57 centimètres par an à Paris, plus de 2 mètres à Manille, tandis que le désert d'Atacama, au nord du Chili, n'a pas vu, à certains endroits, une goutte de pluie depuis 50 ans.

Contrastes

La densité de la population permet d'estimer la richesse relative en eau d'un pays. Les différences peuvent être impressionnantes : alors que les habitants de la bande de Gaza disposent de 59 m^3 d'eau par personne et par an, les Islandais en ont 630 000 m^3, soit un écart de 1 à 10 000 ! La diversité des pays doit aussi être prise en compte : certains s'étendent sous plusieurs régimes climatiques, tandis que d'autres, peu arrosés, peuvent bénéficier de l'apport des fleuves qui les traversent et dont la **source** se trouve dans les pays voisins. Ce sont d'ailleurs ces pays qui sont les plus vulnérables lorsque des **barrages** sont construits en amont.

Des régimes de pluies variables

La nature et la fréquence des **précipitations** ont un impact important sur les **réserves** d'**eau douce**. En climat méditerranéen, des pluies fortes sont parfois concentrées sur quelques jours. L'essentiel du **débit** retournant très rapidement à la mer ne peut être utilisé.

Zones arides à sec

Sahara, désert de Gobi..., les zones arides couvrent 15 % de la planète et ne recueillent que 6 % des précipitations. Du fait de températures souvent très élevées et de la quasi-inexistence de couvert végétal, une part considérable s'évapore. Au final, ces régions ne génèrent que 2 % de l'**écoulement** mondial.

Un pays alimenté de l'extérieur

La quantité d'eau apportée par les fleuves venant des pays voisins peut être très importante. Ainsi, aux Pays-Bas, la ressource d'eau par habitant et par jour s'élève à 6 100 m^3 grâce aux apports du Rhin et de la Meuse. En tenant compte seulement du volume des précipitations – 700 m^3 par an et par habitant –, ce pays se classerait parmi les plus pauvres.

Himalaya

Montagnes Rocheuses

Cordillère des Andes

DES FACTEURS FAVORABLES

Les chaînes de montagnes qui traversent certains pays constituent d'immenses "capteurs de **précipitations**". Grâce à leur situation sur une ceinture équatoriale couvrant le bassin amazonien – qui à lui seul écoule 15 % du flux mondial annuel d'**eau douce** –, l'Indonésie, les pays bordant le golfe de Guinée, le sous-continent indien et les Philippines bénéficient d'une forte pluviosité (2 mètres/an).

LES PRINCIPALES RESSOURCES EN EAU DOUCE

(Ressources annuelles en eau douce renouvelables par pays en km³)
Neuf pays totalisent à eux seuls 60 % des ressources d'eau douce de la planète.
Ils sont plus de mille fois milliardaires en mètres cubes d'eau. D'une part, leur
taille explique cette abondance en eau – il s'agit pour la plupart des pays
les plus étendus de la planète – ; d'autre part, leur situation géographique
ou leur relief leur sont souvent favorables.

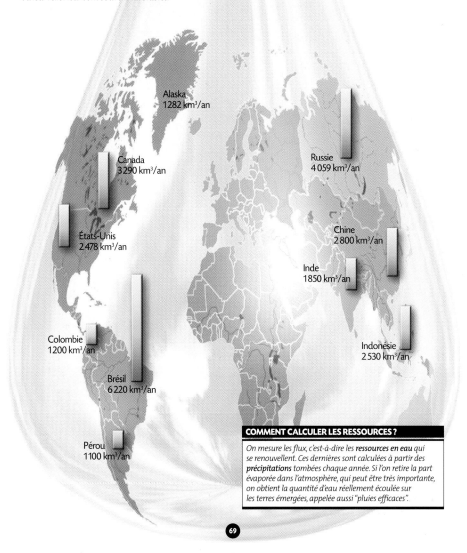

Alaska
1282 km³/an

Canada
3 290 km³/an

Russie
4 059 km³/an

Chine
2 800 km³/an

États-Unis
2 478 km³/an

Inde
1850 km³/an

Colombie
1 200 km³/an

Indonésie
2 530 km³/an

Brésil
6 220 km³/an

Pérou
1 100 km³/an

COMMENT CALCULER LES RESSOURCES ?

*On mesure les flux, c'est-à-dire les **ressources en eau** qui se renouvellent. Ces dernières sont calculées à partir des **précipitations** tombées chaque année. Si l'on retire la part évaporée dans l'atmosphère, qui peut être très importante, on obtient la quantité d'eau réellement écoulée sur les terres émergées, appelée aussi "pluies efficaces".*

Les multiples usages de l'eau

L'eau est indispensable à la plupart des activités humaines. À l'échelle de la planète, l'agriculture est de loin l'activité la plus "aquavore".

De l'eau pour la vie

L'eau, élément vital, est indispensable pour boire, "produire" des poissons, cultiver les terres, faire tourner les usines et fabriquer une foule de produits. Elle participe aussi au confort domestique et sert à produire de l'énergie. L'eau utilisée est souvent restituée dans la nature après usage. Elle sert aussi au transport de voyageurs et de marchandises. Enfin, l'eau est le "théâtre" d'activités de loisirs : pêche, baignade, sports nautiques, de neige...

Un bien précieux source de conflits

Des conflits d'intérêts opposent souvent les usagers. Une usine polluante peut menacer la fourniture en eau potable d'une commune. En raison d'une moindre demande d'électricité l'été, une centrale hydroélectrique de montagne peut, en stockant l'eau dans le réservoir du **barrage**, réduire en aval le **débit** de la rivière – ce qui n'est pas vu d'un bon œil par les agriculteurs, soucieux d'arroser leurs champs avant la récolte. En période de sécheresse, le partage de l'eau se pose de façon aiguë : si, temporairement, on peut limiter l'approvisionnement des zones d'habitation, les agriculteurs refusent généralement d'être rationnés.

IL FAUT...

1 500 l d'eau...

pour produire
1 kg de blé

4 500 l d'eau...

pour produire
1 kg de riz

30 l d'eau...

pour fabriquer
1 l de bière

100 000 l d'eau...

pour produire
1 kg d'aluminium

100 l d'eau...

pour fabriquer
1 kg de pâte à papier

10 l d'eau...

pour produire
1 l d'essence

100 l d'eau...

pour fabriquer
1 kg de laine

PRÉLÈVEMENT D'EAU DOUCE PAR SECTEUR AU NIVEAU MONDIAL

21 %
INDUSTRIE

73 %
AGRICULTURE

6 %
USAGES DOMESTIQUES

UNE IRRIGATION TRÈS GOURMANDE

*À l'échelle mondiale, les **ressources en eau** sont principalement utilisées par l'agriculture, les usages domestiques ne représentant qu'une faible part. Ce prélèvement de l'agriculture est d'autant plus important, que l'eau est en grande partie bel et bien consommée, une part importante s'évaporant. En moyenne, l'agriculture irriguée représente 75 % des prélèvements nets.*

L'eau omniprésente dans l'industrie

Chauffer, refroidir, transformer, dissoudre, laver, transporter... : l'eau remplit de nombreuses fonctions dans le secteur industriel et intervient à divers stades dans les procédés de fabrication.

Consommations et prélèvements

Les besoins en eau sont toujours plus importants que les consommations. Ainsi, la production d'électricité nécessite beaucoup d'eau pour refroidir les centrales électriques et faire fonctionner les centrales hydrauliques, qui se contentent d'"emprunter l'eau", en rejetant l'essentiel après usage. En revanche, l'agriculture arrive en tête de l'eau réellement consommée.

L'agriculture au banc des accusés

La "révolution verte" accomplie dans la seconde moitié du XXe siècle a permis de nourrir une population mondiale qui a doublé en 40 ans. Mais la facture est lourde pour l'environnement.

La modernisation de l'agriculture...

Mécanisation, recours croissant aux engrais et aux **pesticides**, irrigation massive, sélection de variétés plus performantes, agrandissement des exploitations : les rendements ont explosé. Résultat : un agriculteur français nourrissait sept personnes en 1960, il en nourrit quatre-vingt-dix aujourd'hui.

... et ses conséquences

En Chine, en Inde ou encore au Mexique, l'agriculture dépasse 90 % du total de l'eau prélevée. L'irrigation s'est même développée dans des régions tempérées, telle l'Europe. Des cultures gourmandes en eau, comme le maïs, ont été largement introduites. On n'attend plus la pluie, on arrose. Si l'irrigation permet de s'affranchir des caprices de la météo, sa généralisation a conduit à un énorme gaspillage, qui pèse sur les ressources. Autre point noir : les engrais et pesticides, source de pollutions diffuses, parfois irrémédiables.

LES CONSÉQUENCES DE L'AGRICULTURE INTENSIVE
Si l'agriculture intensive a permis d'accroître de façon indéniable les rendements, aujourd'hui il faut être prudent pour éviter que ses effets néfastes sur l'environnement ne se retournent contre le secteur agricole, certaines terres étant devenues impropres à la culture.

IRRIGATION
Les surfaces irriguées ont quasiment triplé en 50 ans. L'alimentation de l'humanité repose sur des cultures qui dépendent à 40 % de l'irrigation. En 1950, seulement 101 millions d'hectares étaient irrigués contre 264 millions aujourd'hui.

GASPILLAGE
L'irrigation traditionnelle, gravitaire et par aspersion, entraîne d'énormes déperditions. Entre 20 et 60 % – selon les techniques utilisées – de l'eau prélevée ne sert pas à la croissance des plantes.

INONDATION
Pour agrandir les parcelles et rationaliser les exploitations, haies, talus, prairies, zones humides sont supprimés. Ces barrières naturelles servaient a retenir l'eau lors des **précipitations** abondantes.

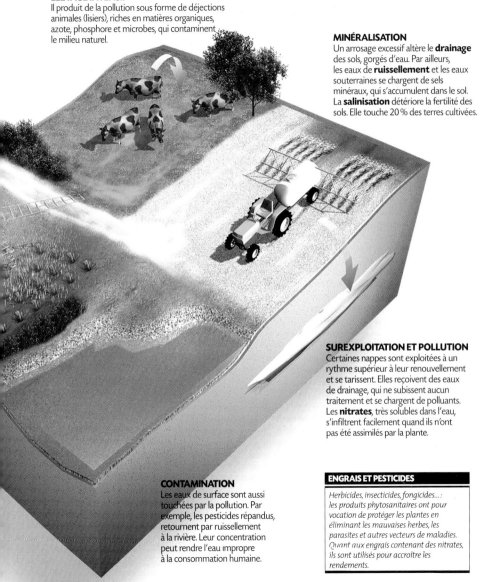

ÉLEVAGE INTENSIF
Il produit de la pollution sous forme de déjections animales (lisiers), riches en matières organiques, azote, phosphore et microbes, qui contaminent le milieu naturel.

MINÉRALISATION
Un arrosage excessif altère le **drainage** des sols, gorgés d'eau. Par ailleurs, les eaux de **ruissellement** et les eaux souterraines se chargent de sels minéraux, qui s'accumulent dans le sol. La **salinisation** détériore la fertilité des sols. Elle touche 20 % des terres cultivées.

SUREXPLOITATION ET POLLUTION
Certaines nappes sont exploitées à un rythme supérieur à leur renouvellement et se tarissent. Elles reçoivent des eaux de drainage, qui ne subissent aucun traitement et se chargent de polluants. Les **nitrates**, très solubles dans l'eau, s'infiltrent facilement quand ils n'ont pas été assimilés par la plante.

CONTAMINATION
Les eaux de surface sont aussi touchées par la pollution. Par exemple, les pesticides répandus, retournent par ruissellement à la rivière. Leur concentration peut rendre l'eau impropre à la consommation humaine.

ENGRAIS ET PESTICIDES

Herbicides, insecticides, fongicides... : les produits phytosanitaires ont pour vocation de protéger les plantes en éliminant les mauvaises herbes, les parasites et autres vecteurs de maladies. Quant aux engrais contenant des nitrates, ils sont utilisés pour accroître les rendements.

L'eau en péril

Surexploitation et pollution : deux maux qui frappent la majorité des grands fleuves de la planète.

Les grands fleuves en danger

Le Nil, jadis énorme cours d'eau, finit avec peine sa course jusqu'à la mer, 90 % des eaux collectées par son bassin servant à irriguer ou à remplir les réservoirs des **barrages**. Le Jourdain ne déverse plus qu'un tiers de ses eaux dans la mer Morte, en train de disparaître. Le Colorado est si exploité et pollué par l'agriculture, que les terres jadis verdoyantes situées en aval (golfe du Mexique) se sont transformées en marécages désolés. Les 60 millions de personnes vivant au bord de la Volga et de ses affluents ne sont pas mieux lotis : seulement 3 % des eaux de surface du bassin sont déclarées potables. La liste de fleuves dégradés pourrait encore s'allonger.

Des eaux polluées

Seuls deux des principaux fleuves mondiaux, l'Amazone et le Congo, sont considérés comme relativement sains. Rejets industriels, déchets urbains : avec le développement des activités humaines, la pollution augmente. Les écosystèmes s'en trouvent perturbés, les effets sur la santé s'avèrent encore plus graves : diarrhées, choléra, maladies graves et épidémies ravagent les pays où l'eau polluée ne subit aucun traitement.

Le fleuve Jaune exténué

Le fleuve Jaune, qui irrigue la plus importante région agricole chinoise, s'est retrouvé à sec dans ses parties basses pendant plus de 200 jours en 1997. Surexploité, ce fleuve est gravement pollué par des **effluents** industriels. Leur dispersion se fait difficile, entravée par les multiples barrages, obstrués à 30 % par l'accumulation de **sédiments**, qui font monter le lit du fleuve de dix centimètres par an. Les 400 millions d'habitants de cette plaine du nord-est de la Chine souffrent de plus en plus de maladies liées à la mauvaise qualité de l'eau de boisson et d'irrigation.

Le Gange, fleuve sacré

Le Gange, fleuve sacré des Hindous long d'environ 3 000 km, naît aux confins du Tibet et se jette dans le golfe du Bengale. Il arrose le bassin le plus densément peuplé au monde : 500 millions d'Indiens habitent le long de ses berges sans aucun équipement sanitaire. Plus de 1,3 milliard de litres d'eaux usées sont déversés chaque jour dans le fleuve. Or, les Hindous s'immergent quotidiennement dans le Gange pour une purification rituelle, qui a tôt fait de leur transmettre diverses maladies.

Le Gange, source de conflits

Outre le préoccupant problème de pollution, le fleuve cesse de se jeter dans la baie du Bengale à la saison sèche, laissant très peu d'eau au Bangladesh. En effet, une grande partie de son cours est détournée au profit de l'Inde pour irriguer et alimenter en eau ses villes. La construction du barrage de Farakka (1975), en partageant équitablement les eaux du Gange, a mis un terme aux conflits qui opposèrent de longues années les deux pays.

QUAND LES RIVIÈRES VERDISSENT

L'usage excessif d'engrais chargés de nitrates et de phosphates entraîne une prolifération d'algues dans les cours d'eau. Fortes consommatrices d'oxygène, elles asphyxient les autres formes de vie aquatique. Ce phénomène baptisé **"eutrophisation"** touche la moitié des cours d'eau en Asie, en Europe et en Amérique du Nord.

MER D'ARAL : UN DRAME ÉCOLOGIQUE MAJEUR

Située entre le Kazakhstan et l'Ouzbékistan, la mer d'Aral, autrefois quatrième plus grand lac au monde, a perdu 60 % de son volume. Ses eaux jadis poissonneuses sont désertées, ses rives gorgées de sels, impropres à toute culture. La raison de cette catastrophe : le pompage excessif des deux fleuves qui l'alimentent (réduits aux 3/4), l'Amou-Daria et le Syr-Daria, pour irriguer de vastes champs de riz et de coton.

LA MER D'ARAL AU DÉBUT DES ANNÉES 1970

LA MER D'ARAL EN L'AN 2000

Une mer à sec

En 20 ans, les rives de la mer d'Aral ont reculé de 60 km ; la superficie de ce vaste lac est passée de 66 085 km à 40 400 km.
Les deux grands ports de la mer d'Aral sont désormais à 30 km de l'eau !
Le taux de salinité, de 9,25 g/l dans les années 1970, tourne aujourd'hui autour de 30 g/l. La pêche a totalement disparu.
Aujourd'hui, la région ne reçoit plus que 10 km[3] de pluie par an, contre une soixantaine dans les années 1970.

L'humanité va-t-elle manquer d'eau au XXIᵉ siècle ?

Plus d'un milliard de personnes n'a pas accès à l'eau potable. La pénurie menace une planète qui comptera deux milliards d'habitants de plus d'ici à 2025.

Une demande toujours croissante

En un siècle, la population mondiale s'est multipliée par trois, la consommation d'eau par six. L'explosion démographique et urbaine a fait grimper les besoins en eau, de même que l'irrigation et le développement industriel. La pression sur la ressource se fait sentir, la quantité d'eau disponible par habitant a été réduite de moitié au cours des cinquante dernières années du XXᵉ siècle.

Une ressource menacée ?

Certains pays souffrent déjà de pénurie et d'autres risquent de les rejoindre dans les années à venir. Or, c'est dans les régions déjà frappées par des difficultés d'approvisionnement, aux ressources mal protégées, que la croissance démographique sera la plus forte. Avec plus de la moitié de la population habitant dans des villes, les besoins en eau potable vont croître de 70 %. Si le gaspillage et la dégradation du fait des pollutions ne sont pas remis en cause, le manque d'eau potable, qui frappe déjà plusieurs pays, pourrait s'aggraver.

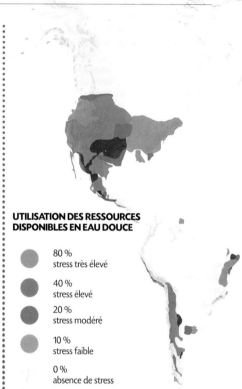

UTILISATION DES RESSOURCES DISPONIBLES EN EAU DOUCE

80 %
stress très élevé

40 %
stress élevé

20 %
stress modéré

10 %
stress faible

0 %
absence de stress

RÉSERVE MONDIALE DISPONIBLE EN M³ PAR HABITANT

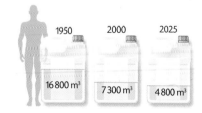

1950 — 16 800 m³

2000 — 7 300 m³

2025 — 4 800 m³

LE STRESS HYDRIQUE

Près de 1,5 milliard d'habitants de notre planète connaissent déjà des difficultés d'approvisionnement en eau. Régions particulièrement touchées : l'Afrique du Nord et le Moyen-Orient. Au-delà de 40 %, le **stress hydrique** est préoccupant. car l'eau est utilisée à un rythme plus rapide que son taux naturel de réapprovisionnement.

PLUS DE MONDE, MOINS D'EAU

La planète est de plus en plus peuplée, la part de chacun diminue, c'est mathématique !
Le phénomène est particulièrement sensible en Afrique et en Asie, où la quantité d'eau disponible par habitant a largement été réduite en 50 ans.

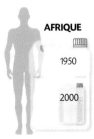

AFRIQUE

1950

2000

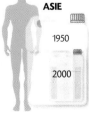

ASIE

1950

2000

Urgence

Un cinquième de la planète vit, aujourd'hui, sans eau courante. L'urgence est là : 1,3 milliard d'habitants n'a pas accès à l'eau potable, 3 milliards ne disposent d'aucun système d'**assainissement**. En Afrique, la situation est alarmante : la moitié de la population est touchée par des pathologies associées à l'eau. Dans le monde, 2 millions d'enfants meurent chaque année de maladies véhiculées par une eau non potable, ce qui constitue, donc, la première cause de mortalité infantile.

Une pénurie d'eau ?

En 2025, 3 milliards de personnes auraient à peine 1 700 m³ d'eau par habitant et par an, seuil d'alerte retenu par l'ONU. Le manque d'**eau douce** ne concernera plus seulement les zones sèches, mais s'étendra à la Californie, à certaines régions de l'Inde ou même de l'Espagne. La crise de l'eau pourrait demain s'aggraver dans les grandes villes des pays en voie de développement.

LE DÉLICAT PARTAGE DES EAUX AU PROCHE-ORIENT

En 1967, Israël envahit plusieurs territoires, dont la bande de Gaza, la Cisjordanie, le Golan syrien. À côté des revendications territoriales, la question de l'accès à l'eau est l'un des enjeux de la guerre des Six-Jours. Israël dépend pour les 2/3 de son approvisionnement des territoires occupés en 1967. Le sujet reste au cœur des négociations de paix entamées depuis 1993.

L'EAU COMME ARME

En 1998, la Turquie a utilisé l'eau comme moyen de pression, pour obtenir de la Syrie l'abandon de son soutien aux résistants kurdes.

CISJORDANIE : LES COLONS ISRAÉLIENS CHOYÉS

En 1998, toutes les colonies juives ont l'eau courante, elles vont la chercher jusqu'à 350 mètres de profondeur. La moitié des villages palestiniens seulement est raccordée, leurs puits ne dépassent pas 100 mètres de profondeur.

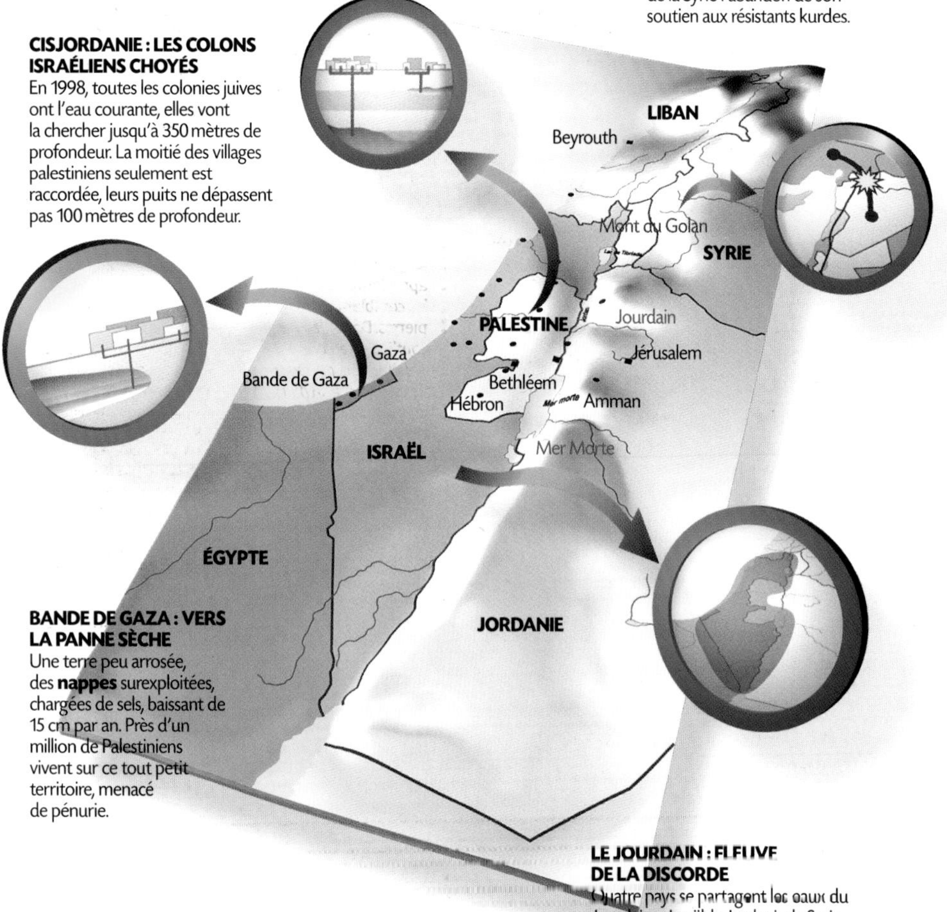

BANDE DE GAZA : VERS LA PANNE SÈCHE

Une terre peu arrosée, des **nappes** surexploitées, chargées de sels, baissant de 15 cm par an. Près d'un million de Palestiniens vivent sur ce tout petit territoire, menacé de pénurie.

LE JOURDAIN : FLEUVE DE LA DISCORDE

Quatre pays se partagent les eaux du Jourdain – Israël, la Jordanie, la Syrie et le Liban – plus le peuple palestinien. Mais au fil de leurs conquêtes, les Israéliens ont pris le contrôle de l'aval du bassin, jusqu'à la mer Morte.

LIBAN

Beyrouth

Mont du Golan

SYRIE

PALESTINE

Jourdain

Gaza

Jérusalem

Bande de Gaza

Bethléem

Hébron

Mer morte

Amman

ISRAËL

Mer Morte

ÉGYPTE

JORDANIE

La guerre de l'eau aura-t-elle lieu ?

Source de conflits, instrument de pouvoir, l'eau est un enjeu stratégique qui génère des tensions aux quatre coins du monde.

L'eau, sujet de discordes

Israël dispute à la Jordanie les eaux du Jourdain et contrôle le Golan, "château d'eau" de la Syrie et du Liban. La Turquie veut s'approprier la maîtrise du Tigre et de l'Euphrate par la construction de **barrages**, ce qui n'est pas du goût de ses voisins syrien et irakien. Le Rio Grande est source de conflits pour les Mexicains et les Américains. Dans une des régions les plus arrosées du globe, l'Inde a longtemps été accusée d'effectuer des détournements d'eau au détriment du Bangladesh... Plus d'une dizaine de foyers de tensions peuvent être recensés. Nés d'une mésentente sur le partage de ressources communes, ces "hydroconflits" pourraient s'aggraver et se multiplier au XXIe siècle.

Une arme ou un moyen de pression ?

Certains estiment que les batailles pour l'or bleu sont en passe de remplacer les crises du pétrole des années 1970. Pour d'autres, l'eau n'est qu'un facteur de tension supplémentaire, la majorité des conflits s'expliquant avant tout par des querelles souvent anciennes de territoires, des antagonismes nationalistes ou religieux.

Un moyen de pression

L'eau, élément vital, est utilisée comme arme lors de conflits où elle n'apparaît pas, pourtant, comme un enjeu. Par exemple, lors de la guerre de Bosnie, les Serbes ont privé d'eau les habitants de Sarajevo. De manière semblable, en Somalie, les populations, fuyant les zones de combats, s'assuraient de rendre les puits inutilisables après leur départ en les comblant avec des pierres. Dans d'autres conflits, on a vu les assaillants empoisonner des **sources**, afin de tenir les populations à leur merci, ce qui se pratiquait déjà du temps des Croisades.

Le difficile partage des eaux

Dans le monde, au moins 280 fleuves sont partagés entre plusieurs pays : leurs bassins couvrent les deux tiers de la surface des continents !

FACTEUR DE PAIX

Un fleuve traversant plusieurs pays peut être source de conflits mais aussi un vecteur de rapprochement. Ainsi, tant au Proche-Orient qu'en Mésopotamie, la coopération technique n'a quasiment jamais cessé entre les protagonistes. Pour l'instant, les différends politiques semblent l'emporter. Parfois un accord voit le jour. L'Inde et le Bangladesh ont ainsi signé en 1997 un traité de partage des eaux du Gange. Il en est de même en 2000 pour le Nil : une convention des Nations Unies propose également un code de bonne conduite aux pays concernés. La nouvelle directive européenne impose désormais aux quinze États membres et aux dix candidats à l'adhésion une gestion intégrée des besoins partagés.

Sauvegarder les rivières

En polluant moins les rivières, on préserve les réserves en eau douce. La solution consiste à dépolluer de manière plus systématique les eaux usées.

Un patrimoine naturel vulnérable

Une rivière constitue un milieu naturel fragile. Elle garde les traces des agressions résultant de certains aménagements et des pollutions. Si son **débit** permet de drainer et d'éliminer une partie des déchets rejetés, cette capacité d'**auto-épuration** se trouve vite saturée. La détérioration de la ressource et de l'environnement peut être durable. Chacun en subit les conséquences : des rivières où il ne fait plus bon se baigner, pêcher ; une eau potable de plus en plus difficile à fabriquer, donc plus chère.

Le nettoyage des eaux usées

L'**assainissement** consiste à collecter les eaux usées, à les débarrasser des substances polluantes dont elles sont chargées, avant qu'elles ne retournent dans le milieu naturel. En général, toutes les eaux usées ne sont pas mélangées : celles provenant des industries peuvent contenir des substances toxiques (solvants, hydrocarbures...) et sont épurées en partie par les industriels eux-mêmes, ou par des stations spécialisées, avant de rejoindre les réseaux de collecte desservant les zones d'habitation.

La pollution pluviale

L'eau de pluie constitue un apport de pollution en milieu urbain. Elle lessive fumées industrielles et gaz d'échappement et se charge, en ruisselant, de résidus déposés sur les toits et les chaussées. Elle rejoint ensuite les eaux usées dans les égouts. En cas de forte pluie, les réseaux saturés débordent, une part de cette eau très polluée retourne telle quelle à la rivière. Il importe donc de collecter séparément eaux usées et pluviales ou de prévoir un stockage temporaire des eaux provenant d'orages.

Pollution accidentelle

Le déversement accidentel, en 1986, de produits chimiques industriels dans le Rhin, à Bâle, a provoqué la mort de dizaines de milliers de poissons. Cette pollution d'envergure, qui a affecté un fleuve déjà très dégradé, réveille la conscience des gouvernements. Une coopération fructueuse a permis de réduire, en quinze ans, de 65 à 100 % les rejets de micropolluants organiques et d'hydrocarbures. Dès 1995, le saumon a fait son retour dans les eaux françaises du bassin.

4 • RÉCUPÉRATION DES EAUX
Après épuration, les eaux usées peuvent être rejetées dans la rivière.

3 • ASSAINISSEMENT ET DISTRIBUTION
Des réseaux d'assainissement collectent les eaux usées et les conduisent jusqu'à des stations d'épuration.

2 • DISTRIBUTION
L'eau traitée est distribuée chez les consommateurs.

1 • PRÉLÈVEMENT ET TRAITEMENT DES EAUX USÉES
L'eau est pompée dans les cours d'eau ou les nappes souterraines puis acheminée vers une usine où elle est traitée pour devenir potable.

CAS PARTICULIER

Aujourd'hui, la plupart des grandes entreprises traitent elles-mêmes leurs eaux usées avant de les rejeter dans le milieu naturel.

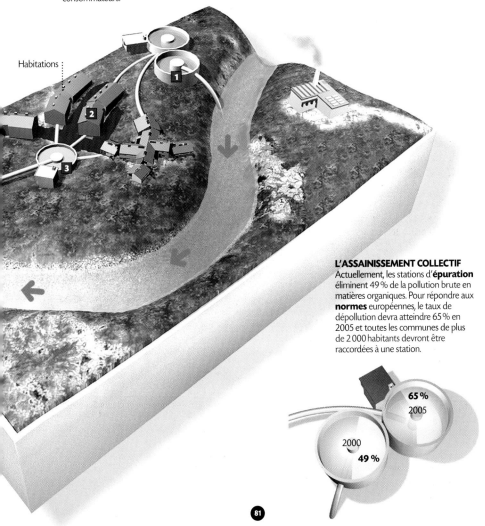

Habitations

L'ASSAINISSEMENT COLLECTIF
Actuellement, les stations d'**épuration** éliminent 49 % de la pollution brute en matières organiques. Pour répondre aux **normes** européennes, le taux de dépollution devra atteindre 65 % en 2005 et toutes les communes de plus de 2 000 habitants devront être raccordées à une station.

65 %
2005

2000
49 %

Comment produit-on l'eau potable ?

Si l'eau purifiée coule claire et limpide du robinet, c'est au prix de nombreux traitements.

Le captage de l'eau à l'état naturel

L'eau potable est fabriquée dans des usines spécifiques, distinctes des stations qui épurent les eaux usées. Ces usines travaillent à partir d'une matière première, l'eau prélevée dans le milieu naturel. Selon leur provenance, le degré de pollution du site, ces eaux brutes n'ont pas la même qualité et font l'objet d'un classement. Les captages ne répondant pas aux **normes** définies peuvent être purement et simplement fermés.

Des traitements adaptés aux prélèvements

Selon son origine, l'eau captée va subir des traitements différenciés. Le traitement peut se résumer à une seule étape de **chloration** pour l'eau issue de certaines **nappes**. En général, l'eau prélevée dans les rivières appelle un traitement plus conséquent que les eaux souterraines, qui sont mieux protégées de la pollution. La chaîne de traitement combine différents procédés physiques, chimiques, mais aussi parfois biologiques. Compte tenu de la dégradation des eaux du milieu naturel et du renforcement des normes de qualité, elle a tendance à s'allonger et fait appel à des technologies de plus en plus sophistiquées.

D'où vient l'eau potable ?

En France, en Italie, dans l'ancienne Allemagne de l'Ouest, l'eau du robinet provient surtout des nappes souterraines. L'ex-Allemagne de l'Est a davantage recours aux eaux de surface. Aux États-Unis, l'eau provient, en général, des sources ou de nappes phréatiques superficielles. De grandes villes (Las Vegas, Salt Lake City), au cœur de régions "désertiques", puisent leur eau dans des nappes fossiles, mettant en péril une ressource dont le renouvellement ne peut être assuré par le cycle de l'eau.

1 • LE CAPTAGE

L'eau est prélevée dans les rivières par un simple pompage. Cependant, les eaux souterraines nécessitent souvent un **forage**.

2 • LE DÉGRILLAGE ET LE TAMISAGE

L'eau pompée passe à travers des grilles ou des tamis, retenant les corps flottants (bouteilles en plastique, papiers, bois, feuilles) et les petits déchets.

3 • LA FLOCULATION ET LA DÉCANTATION

L'ajout de réactifs chimiques permet d'agglomérer les particules en flocons. Ces flocons (ou flocs) se déposent au fond du bassin sous forme de **boues**. Dans certains cas, un traitement préalable à l'ozone est effectué, afin d'éliminer notamment les micro-algues

4 • LA FILTRATION

Procédé classique, le filtre à sable permet de retenir le reste des particules en suspension encore présentes.

5 • L'OZONATION

En envoyant de l'air ozoné dans l'eau, on supprime les bactéries et les virus, les goûts et les odeurs. L'ozone, puissant oxydant, permet aussi de détruire les **pesticides**. Ce procédé élaboré est coûteux.

6 • LA FILTRATION SUR CHARBON ACTIF

Ce filtre agit comme une sorte d'éponge et absorbe les impuretés dont les micropolluants (pesticides).

7 • LA DÉSINFECTION FINALE

L'ajout de chlore permet de s'assurer de l'absence totale de virus et de bactéries. Un léger excès de chlore permet de maintenir une bonne qualité sanitaire de l'eau lors de son parcours dans les canalisations.

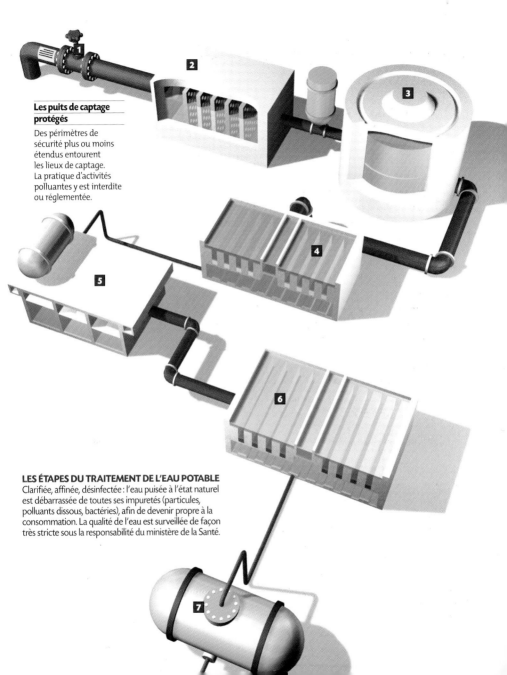

Les puits de captage protégés

Des périmètres de sécurité plus ou moins étendus entourent les lieux de captage. La pratique d'activités polluantes y est interdite ou réglementée.

LES ÉTAPES DU TRAITEMENT DE L'EAU POTABLE

Clarifiée, affinée, désinfectée : l'eau puisée à l'état naturel est débarrassée de toutes ses impuretés (particules, polluants dissous, bactéries), afin de devenir propre à la consommation. La qualité de l'eau est surveillée de façon très stricte sous la responsabilité du ministère de la Santé.

La distribution de l'eau

Sous terre, un gigantesque maillage de conduites permet de transporter l'eau et de l'acheminer jusqu'à ses différents types d'utilisateurs.

Un voyage plus ou moins long

L'eau est lourde – un mètre cube d'eau pèse une tonne – et donc difficile à transporter. Aussi, la plupart du temps, les zones d'habitation sont situées près d'un point d'eau. Les grandes villes, fortes consommatrices, doivent pourtant parfois aller chercher loin l'eau qui leur est nécessaire. New York est approvisionnée par une eau qui vient des Appalaches, à 200 kilomètres de Manhattan.

Le pompage

L'eau coule naturellement du haut vers le bas. Si les sources et captages ne sont pas situés en amont des zones de consommation, il faut alors pomper l'eau pour pouvoir la distribuer par conduites sous pression jusqu'aux domiciles des consommateurs.

Le stockage

L'eau traitée est stockée dans des bassins clos ou des châteaux d'eau. Ces réservoirs permettent aux stations de traitement de fonctionner à **débit** constant et aux réseaux de distribution de s'ajuster en cas de pointes de consommation. Puis l'eau voyage dans des canalisations, jusqu'aux habitations.

Comment fonctionne un château d'eau ?

Souvent situé sur un point élevé ou au sommet d'une tour, le château d'eau est alimenté en continu. Il stocke l'eau pour faire face aux pointes quotidiennes de consommation. C'est en vertu du principe des vases communicants que l'eau, poussée vers le bas par son propre poids, s'écoule dans les canalisations.

Un réseau sous contrôle

Des centres de contrôle informatisés détectent les grosses fuites dans le réseau de distribution, mesurent la qualité sur des portions du réseau et surtout gèrent et surveillent la circulation de l'eau en permanence. Ainsi, l'eau coule à pression constante de votre robinet.

DES RÉSERVOIRS DE GRANDE CAPACITÉ

Les cinq réservoirs de la capitale stockent 1 200 000 m³, soit près de deux fois la consommation journalière des Parisiens.

AQUEDUCS ET CANALISATIONS

600 kilomètres d'**aqueducs** et 1800 kilomètres de canalisations acheminent l'eau à Paris.

MADRID EN QUÊTE D'EAU

Située au beau milieu de l'Espagne et détenant des records d'altitude des capitales européennes, Madrid s'est progressivement dotée d'un réseau de canaux pour approvisionner ses cinq millions d'habitants. Aujourd'hui, la capitale possède un réseau complexe de treize barrages-réservoirs répartis sur les affluents du Tage, de neuf stations de pompage, de 500 km de canaux et de plus de 5 000 km de canalisations. Après avoir drainé toutes les eaux de surface possibles les Madrilènes, en quête de nouvelles réserves, ont procédé à de profonds forages dans la nappe qui, malheureusement, est peu abondante.

L'APPROVISIONNEMENT D'UNE GRANDE VILLE : PARIS

Les Parisiens boivent-ils l'eau de la Seine ? En partie, après traitement bien sûr. En fait, Paris puise pour moitié son eau dans la Seine et son affluent, la Marne, et pour l'autre dans des nappes souterraines.

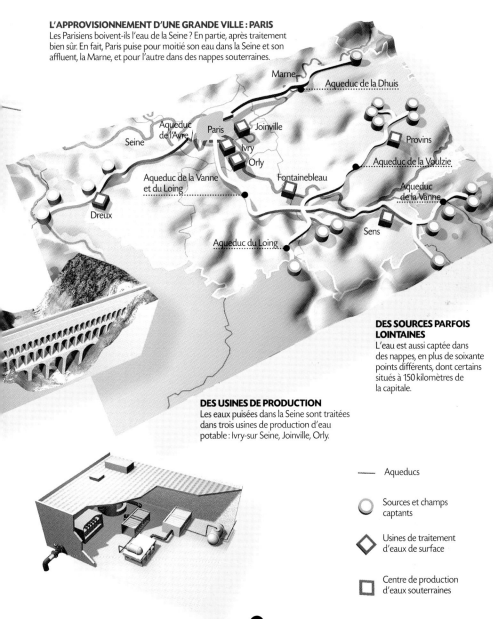

DES SOURCES PARFOIS LOINTAINES

L'eau est aussi captée dans des nappes, en plus de soixante points différents, dont certains situés à 150 kilomètres de la capitale.

DES USINES DE PRODUCTION

Les eaux puisées dans la Seine sont traitées dans trois usines de production d'eau potable : Ivry-sur Seine, Joinville, Orly.

— Aqueducs

◯ Sources et champs captants

◇ Usines de traitement d'eaux de surface

▢ Centre de production d'eaux souterraines

L'EAU À LA MAISON

L'eau du robinet que nous buvons ne représente que 1% de notre consommation, celle que nous utilisons pour l'hygiène et les tâches ménagères (lavage des aliments, cuisson), 6 %.

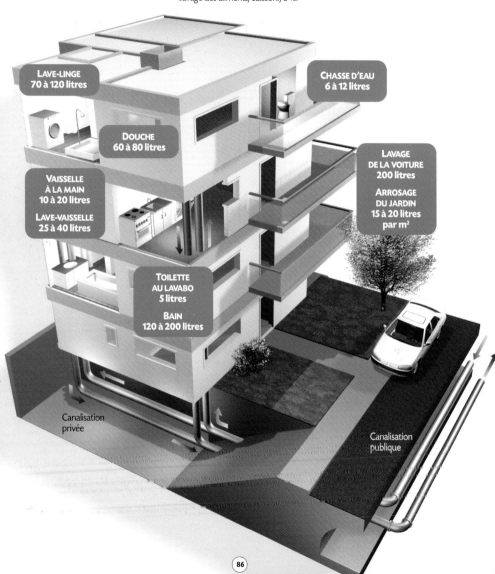

LAVE-LINGE
70 à 120 litres

CHASSE D'EAU
6 à 12 litres

DOUCHE
60 à 80 litres

**LAVAGE
DE LA VOITURE**
200 litres

**ARROSAGE
DU JARDIN**
15 à 20 litres
par m²

**VAISSELLE
À LA MAIN**
10 à 20 litres

LAVE-VAISSELLE
25 à 40 litres

**TOILETTE
AU LAVABO**
5 litres

BAIN
120 à 200 litres

Canalisation
privée

Canalisation
publique

L'eau que nous consommons

Tourner un robinet est devenu un geste si naturel, que l'on oublie combien il serait difficile de se passer d'eau courante : pas de thé ou de café, de douche tonifiante le matin, impossible de cuire les pâtes, de faire la vaisselle, de mettre en marche le lave-linge... L'eau est omniprésente dans notre vie de tous les jours.

Les villes et les campagnes

Si un Européen de l'Ouest utilise environ 150 litres d'eau par jour, un Américain en consomme 600 litres et un Africain moins de 50 litres. Cependant, ces différences tendent à s'atténuer. Les citadins consomment davantage d'eau que les personnes habitant à la campagne. Au Sahel, les femmes passent plus de quatre heures par jour pour la corvée d'eau...

Des différences sociales

Autre facteur influant la consommation : le niveau de vie. Les familles les plus aisées utilisent davantage d'eau que celles aux revenus plus modestes. Des écarts existent aussi en fonction de l'âge. Les enfants et les personnes âgées consomment moins d'eau avec respectivement 70 et 105 litres par jour.

Les gestes écologiques

Certains produits sont difficiles à éliminer par les stations d'**épuration**. Évitez, par exemple, de jeter dans les éviers ou les toilettes des médicaments et des désherbants.

La "bonne heure"

En été, arrosez de préférence à la tombée du jour ; l'évaporation de l'eau est alors moindre.

Économisez !

Prenez une douche plutôt qu'un bain, équipez les toilettes de réserve à double chasse, achetez un lave-linge ou un lave-vaisselle économe... autant de gestes individuels qui comptent pour l'eau collective.

Combien ça coûte ?

Sachez qu'une douche vous coûte 0,18 euro (1,20 francs), que vous dépensez 0,03 euro (17 centimes) chaque fois que vous tirez la chasse d'eau et environ 0,46 euro (3 francs) quand vous prenez un bain.

LE CALCAIRE

Des robinets, des casseroles et des carafes entartrées, du linge rêche, la sensation d'avoir la peau sèche : le calcaire contenu dans l'eau n'a pas bonne presse. Et pourtant il contribue à couvrir nos besoins en calcium. Quelques solutions, pour réduire ses désagréments : nettoyer les ustensiles de cuisine avec du vinaigre (que l'on peut faire bouillir) et du sel, utiliser des huiles pour le bain, des adoucissants pour le linge. Enfin, pour limiter la formation de dépôts de calcaire, régler le thermostat du chauffe-eau à une température inférieure à 60 °C. Le tartre aime la chaleur !

ATTENTION AUX FUITES !

35 000 litres d'eau gaspillés par an pour un robinet qui fuit goutte à goutte. Coût : 91 euros (595 francs).

L'eau du robinet :
une eau à boire sans risques ?

L'eau que nous buvons n'a jamais été aussi surveillée, mais les inquiétudes des consommateurs demeurent.

63 critères pour définir l'eau potable

Définie comme une eau destinée à la consommation humaine, l'eau potable est un produit réglementé. L'eau du robinet doit respecter plus d'une soixantaine de critères pour mériter cette appellation. Certains évaluent sa saveur, sa couleur, sa transparence, d'autres fixent sa composition (calcium, fluor, magnésium...). D'autres enfin mesurent sa teneur en substances toxiques et organismes pathogènes pouvant porter atteinte à la santé. L'analyse microbiologique permet de détecter l'existence éventuelle de bactéries et de virus. La présence de **nitrates**, **pesticides** et plomb est systématiquement dépistée.

Des normes à la réalité

La forte teneur en **nitrates** relevée dans des régions agricoles européennes (Bretagne ou Pays-Bas), où l'agriculture intensive est très développée, inquiète les consommateurs. Aujourd'hui, les pesticides focalisent l'attention. Certains sont soupçonnés d'être cancérigènes. Mais le risque sanitaire d'une eau contaminée par ces produits (ingestion à doses infimes et répétées) n'est pas établi.

Un goût désagréable ?

L'eau du robinet a parfois un drôle de goût de Javel. Celui-ci vient du chlore, utilisé pendant son traitement et avant son transport dans les canalisations. Ce désinfectant, sans danger pour la santé, est la garantie de l'innocuité bactériologique de l'eau.

De multiples contrôles

En France, un million de prélèvements sont effectués chaque année par les DDASS (Directions départementales des affaires sanitaires et sociales). Les analyses sont réalisées par des laboratoires agréés par le ministère de la Santé. Les résultats sont diffusés aux maires, qui doivent informer leurs concitoyens. Dans la plupart des autres pays européens, le ministère de la Santé est en charge du contrôle de la conformité de l'eau potable, que ce soit au niveau national (Autriche), fédéral (Allemagne) ou régional (Belgique). En Grande-Bretagne, le *Drinking Water Inspectorate*, organisme du ministère de la Santé, vérifie que les compagnies des eaux remplissent leurs obligations concernant la qualité de l'eau potable distribuée.

Législation

En Grande-Bretagne, la distribution d'une eau impropre à la consommation est considérée comme criminelle depuis le *Rivers Pollution Prevention Act* de 1876.

Les nitrates dangereux pour la santé ?

Transformés en nitrites par l'organisme, les nitrates présentent un risque. Les nourrissons sont les plus exposés à une intoxication. Les nitrites transforment l'hémoglobine en méthémoglobine, incapable de transférer l'oxygène vers les cellules. Cette affection grave appelée "maladie bleue" est très rare cependant. Conjugués à des pesticides, les nitrates forment des nitrosamines réputés cancérigènes.

Étroite surveillance

Les normes en vigueur au sein de l'Union européenne sont des plus strictes. Il arrive cependant qu'elles ne soient pas respectées. En 1995, cent trente-sept unités desservant environ 1,6 million d'habitants en France ont distribué une eau d'une qualité bactériologique insuffisante.

POUR 1,5 L

Eau du robinet :
0,045 euro environ (2 centimes)

Eau de source (1ᵉʳ prix) :
0,15 euro environ (1F)

Eau minérale :
0,45 euro environ (3F)

ABC DU BUVEUR D'EAU

• *Laisser l'eau s'écouler avant de la boire, surtout si celle-ci a stagné une nuit ou plus dans les canalisations, a fortiori si celles-ci sont en plomb.*
• *L'eau s'altère avec le temps. Ne pas la stocker plus de 24 heures. De même, il faut régulièrement changer les glaçons.*
• *Plus l'eau est fraîche, moins elle sent le chlore. Pour diminuer son goût de chlore, la conserver quelques heures au réfrigérateur dans une carafe ou une bouteille ouverte.*

LE PRIX DE L'EAU

43,5%
Rémunération du service
d'eau potable

35%
Rémunération du service
d'**assainissement** (eaux usées)

13%
Redevance "pollution"
(Agence de l'eau)

5,5%
TVA

2%
Redevance "préservation
des ressources"

1%
Contribution redistribuée
aux communes rurales

Les eaux minérales

Pureté, goût, bienfaits pour la santé et marketing : ce "cocktail" fait le succès des eaux minérales.

Ces eaux offertes par la nature

Les eaux minérales sont captées dans les **nappes** souterraines. Situées sur des sites protégés, elles sont naturellement filtrées. Leur pureté originelle assure le fondement de leur réputation. Selon la nature du terrain traversé, la durée de leur séjour dans le sous-sol, elles se chargent de sels minéraux (calcium, magnésium...) et d'**oligo-éléments**. Ceux-ci participent au bon fonctionnement de l'organisme. La **minéralisation** des eaux est plus ou moins forte. Celles faiblement minéralisées peuvent être consommées à volonté.

À boire avec modération

La nature des effets des eaux minérales sur la santé dépend de leur composition. Attention, il existe des contre-indications. Certaines eaux à forte teneur en sodium, par exemple, ne conviennent pas aux personnes suivant un régime sans sel. D'une façon générale, la consommation exclusive d'une eau fortement minéralisée n'est pas conseillée. Mieux vaut alterner les marques, et profiter ainsi de la grande variété des eaux mises sur le marché ou tout simplement boire l'eau du robinet !

À chacune ses vertus

Contrex a un pouvoir diurétique et favorise l'élimination des rondeurs. Dans la même famille des "sulfatées calciques", Hépar, très riche de surcroît en magnésium, a des vertus anti-fatigue et laxatives. Les eaux contenant des bicarbonates facilitent quant à elles la digestion (Badoit, Saint-Yorre...).

Eau minérale

Une eau minérale se distingue par sa composition très stable, et sa teneur en minéraux et oligo-éléments lui conférant des propriétés censées être thérapeutiques.

Eau de source

Une eau de source est une eau souterraine naturellement protégée, qui n'est pas traitée. Elle doit répondre aux normes de qualité de l'eau potable. En France, l'exploitation d'une source est autorisée par arrêté préfectoral, celle d'une source minérale relève de l'Académie de médecine.

7 • LA DISTRIBUTION
Étiquetées, mises sur palettes, les bouteilles d'eau minérale sont expédiées dans tout le pays mais aussi à l'étranger.

UN LONG VOYAGE : DE LA SOURCE À LA BOUTEILLE

1 • UNE SOURCE DE MONTAGNE

Les eaux de pluie et de fonte des neiges s'infiltrent sur un plateau en contrebas, alimentant ainsi la nappe d'eau minérale.

5 • LA MISE EN BOUTEILLE

Emplissage et bouchage s'effectuent dans des salles d'embouteillage, dont l'atmosphère filtrée et en surpression permet de maintenir la qualité bactériologique de l'eau.

2 • UNE NAPPE BIEN PROTÉGÉE

Ces eaux sont recueillies dans un filtre naturel, constitué par une épaisse couche de sables glaciaires. L'**aquifère** est enserré entre deux couches d'argiles imperméables, de plusieurs dizaines de mètres d'épaisseur.

3 • LE CAPTAGE

L'eau met au moins 15 ans, 50 ans en moyenne, pour atteindre sa source. Elle jaillit à une température constante de 11,6 °C.

4 • LE TRANSPORT

L'eau est acheminée via des conduites en acier inoxydables vers l'usine d'embouteillage, située à quelques kilomètres.

6 • LE CONTRÔLE "QUALITÉ"

D'innombrables contrôles sont pratiqués pour vérifier la qualité de l'eau. Certaines marques effectuent plus de 300 contrôles microbiologiques par jour.

ÉVIAN : L'EAU LA PLUS VENDUE AU MONDE

Il faut du temps pour "fabriquer" une eau minérale. L'eau d'Évian (ci-dessus) est en fait de l'eau de pluie ou issue de la fonte des neiges, tombée il y a plus de 15 ans. Pendant ce long séjour dans le sous-sol, l'eau va s'enrichir de minéraux qui constituent sa composition originale. L'eau d'Évian est réputée pour son équilibre. Ce sont 5 à 6 millions de bouteilles qui, chaque jour, sont expédiées dans le monde.

La bataille des minéraliers

Avec une croissance avoisinant les 10 % par an, le marché de l'eau en bouteille se porte bien et aiguise les appétits.

Un marché planétaire

Deux géants se livrent une bataille sans relâche sur l'échiquier mondial : Nestlé et Danone. Aux États-Unis, où la consommation grimpe de 20 %, Nestlé est numéro 1, mais Danone a gagné du terrain par des rachats successifs et grâce au succès de Dannon Water, leader sur le marché. Autre zone de conquête : les pays émergents. En 1999, Nestlé lance une eau naturelle traitée : Nestlé Pure Life. En six mois, la marque rafle 60 % du marché au Pakistan. Après le Brésil, une troisième unité de production est ouverte en Chine. Ce marché juteux a entraîné l'arrivée de nouveaux venus, tels Pepsi ou Vivendi.

La montée des eaux de sources

Il y a quinze ans, quatre marques dominaient le marché français, alors premier consommateur d'eau minérale au monde : Évian, Vittel, Contrex et Volvic. Leur part de marché qui était de 85 % a chuté. Dans le même temps, la production d'eaux de sources, souvent deux à trois fois moins chère, a beaucoup augmenté. Point faible des eaux minérales : puisées au cœur d'une source unique, leur fabrication est limitée et leur transport souvent onéreux.

Danone veut séduire les adolescents

Le marché de l'eau en bouteille devient de plus en plus segmenté. De nouveaux produits font leur apparition, spécifiquement dédiés à des publics précis. Début 2001, Danone lançait en France, en Angleterre et en Belgique, Danone Taillefine pour les femmes soucieuses de leur minceur et Danone Activ', trois fois plus riche en calcium qu'Évian, pour les adolescents.

Un symbole : Cristaline

Cristaline, la marque du groupe Neptune, est devenue, en France, en 1999, l'eau la plus vendue en grandes surfaces, détrônant le leader historique Évian. Le concept de Cristaline : une eau issue de sept sources implantées en France, des circuits logistiques raccourcis et au final un prix réduit pour le consommateur.

Les plus gros consommateurs

L'Europe compte de nombreux adeptes de l'eau en bouteille. Avec des habitudes de consommations variées, les Allemands et les Italiens ayant par exemple une préférence marquée pour l'eau gazeuse.

DEUX GÉANTS DE POIDS

Le marché mondial de l'eau en bouteille a frôlé la barre des 100 milliards de litres en 2000. Perrier-Vittel, pôle "eau en bouteille" de Nestlé, est leader mondial, avec 12 % de parts de marché, talonné par le numéro 2, Danone.

Nestlé, filiale "eau en bouteille", CA 2000 mondial : 4,7 milliards d'euros (31 milliards de francs).

Principales marques en France : Perrier, Vittel, Contrex, Quezac, Hépar, Aquarel.

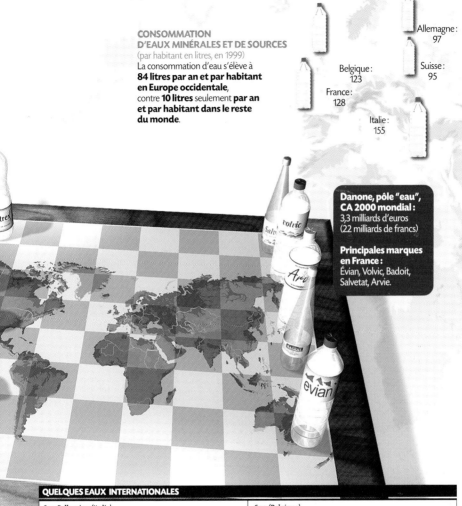

CONSOMMATION D'EAUX MINÉRALES ET DE SOURCES

(par habitant en litres, en 1999)

La consommation d'eau s'élève à **84 litres par an et par habitant en Europe occidentale**, contre **10 litres** seulement **par an et par habitant dans le reste du monde**.

Allemagne :
97

Belgique :
123

Suisse :
95

France :
128

Italie :
155

Danone, pôle "eau", CA 2000 mondial :
3,3 milliards d'euros
(22 milliards de francs)

Principales marques en France :
Évian, Volvic, Badoit, Salvetat, Arvie.

QUELQUES EAUX INTERNATIONALES

San Pellegrino (Italie)
Star des eaux italiennes, la San Pellegrino, eau faiblement minéralisée, est dotée de nombreuses vertus curatives. Elle est notamment recommandée pour les problèmes gastriques et intestinaux.

Acqua della Madonna (Italie)
Elle est reconnaissable à sa bouteille en forme de goutte d'eau couleur cobalt. Riche en saveurs, cette eau gazeuse est la reine des fêtes.

Spa (Belgique)
C'est l'eau la plus minéralisée d'Europe. Particulièrement pure, elle est parfaite pour la composition des biberons.

Les eaux sportives enrichies
Ce sont des eaux fortement minéralisées auxquelles on a ajouté des ingrédients glucidiques pour soutenir l'effort musculaire. Toutes ont des bouteilles aisément identifiables par leur bouchon à poussoir, qui permet de boire plus facilement.

Technologies d'avenir

Préserver les ressources en eau douce est l'un des principaux enjeux de notre planète en ce début de XXIe siècle. La révision des pratiques agricoles est la priorité. Et l'océan, gigantesque réservoir, pourrait être davantage exploité. Inventaire de quelques-unes des pistes d'avenir.

DESSALINISATION

Fabriquer de l'eau potable à partir de l'eau de mer : l'idée est loin d'être saugrenue. Jusqu'ici, c'était une solution de "riche". Près des deux tiers de la production d'eau douce par dessalement est d'ailleurs concentrée dans les pays pétroliers du Golfe. Mais les techniques ne cessent d'évoluer, les prix baissent : entre 0,46 et 1,83 euro (3 et 12 francs) le mètre cube aujourd'hui, ouvrant des perspectives prometteuses. Deux procédés coexistent : le plus répandu et le plus ancien, la distillation – où l'eau est portée à ébullition et la vapeur produite condensée –; le plus novateur, l'osmose inverse, dessalant l'eau en la poussant à travers une membrane semi-poreuse qui retient les sels.

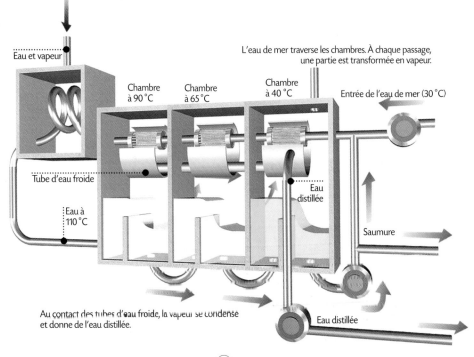

Eau et vapeur

L'eau de mer traverse les chambres. À chaque passage, une partie est transformée en vapeur.

Chambre à 90 °C

Chambre à 65 °C

Chambre à 40 °C

Entrée de l'eau de mer (30 °C)

Tube d'eau froide

Eau à 110 °C

Eau distillée

Saumure

Au contact des tubes d'eau froide, la vapeur se condense et donne de l'eau distillée.

Eau distillée

MIEUX ARROSER, MOINS POLLUER

Agriculture raisonnée, de nouvelles technologies se développent pour économiser l'eau et réduire l'utilisation d'engrais et de **pesticides**, tout en maintenant les rendements.
En vogue : les systèmes d'irrigation localisés, qui amènent l'eau à la plante, évitant la dispersion et réduisant l'évaporation.

1 • LE GOUTTE-À-GOUTTE

Ce procédé consiste à installer à même le sol des tuyaux d'irrigation perforés. Avantage : l'absence de déperditions. Un système efficace mais coûteux.

2 • DES PLANTES PLUS SOBRES

Le maïs a besoin de beaucoup d'eau (50 % de plus que la plupart des céréales). Au Texas, des chercheurs travaillent à la création d'une nouvelle variété, plus résistante à la sécheresse, qui consommerait de 30 à 40 % d'eau en moins. Un projet encore expérimental.

4 • DES "PIÈGES À NITRATES"

Après la moisson, les terres nues sont lessivées par les pluies. Rien ne retient alors les résidus azotés ou phosphatés. Pour les éliminer, des cultures intermédiaires (colza, seigle...) sont semées, qui absorbent les **nitrates** et serviront d'engrais pour la prochaine récolte.

3 • CULTURES "HIGH-TECH"

Une moissonneuse-batteuse équipée de capteurs, reliés à un GPS, envoyant à l'ordinateur de bord des données sur les rendements, en différents points d'une parcelle... Grâce à ses logiciels, l'agriculteur peut moduler les intrants (semences, eau d'irrigation, engrais, herbicides) en fonction de ses besoins réels. Avec au final moins de pollution pour l'environnement.

Des membranes pour purifier l'eau

La qualité des eaux puisées dans la nature se dégrade, alors que les normes concernant l'eau potable sont de plus en plus sévères. Quels seront les traitements de demain ?

Des membranes pour purifier l'eau

Dès la fin des années 1980, les entreprises du secteur, la Lyonnaise des eaux en tête, ont cherché des procédés alternatifs aux traitements physico-chimiques. Un véritable saut technologique a été accompli avec l'application à l'eau des technologies membranaires.

LE PRINCIPE DES MEMBRANES

L'eau circule à travers des membranes, dont les parois poreuses retiennent bactéries et micropolluants. L'atout de cette technologie est réel, offrant une désinfection absolue, avec, au final, pour le consommateur, une eau très pure, le goût du chlore en moins. Malheureusement, cette technologie sophistiquée reste encore aujourd'hui relativement coûteuse.

STATION DE PURIFICATION D'EAU

Entrée de l'eau

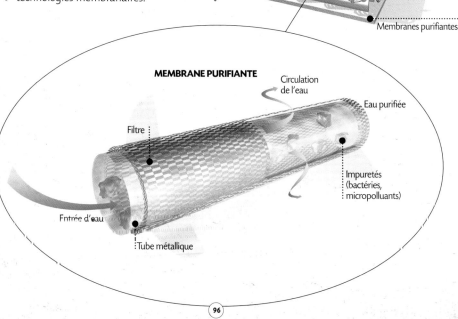

Membranes purifiantes

MEMBRANE PURIFIANTE

Circulation de l'eau

Eau purifiée

Filtre

Impuretés (bactéries, micropolluants)

Entrée d'eau

Tube métallique

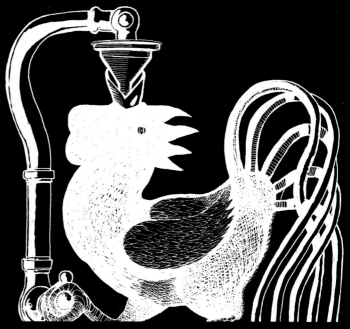

TROUVER

LES GRANDS ACTEURS DE L'EAU AUJOURD'HUI, L'ÉTAT DE L'EAU EN FRANCE ET DANS LE MONDE, LES CAUSES DES INONDATIONS DE CES DERNIÈRES ANNÉES... CHACUN EST-IL ÉGAL FACE À L'EAU ? L'EAU EST-ELLE CHÈRE ? L'EAU MINÉRALE SERAIT-ELLE UN INDICATEUR DE TENDANCES ? POUR EN SAVOIR PLUS, UNE BIBLIOGRAPHIE, UN GLOSSAIRE ET DES ADRESSES.

De la bactérie à l'homme, un scénario de 3,5 milliards d'années

Comment et quand la vie est-elle apparue sur Terre ? Les scientifiques continuent, au fond, de l'ignorer. Ils supposent qu'il y a peut-être 3,8 milliards d'années, dans l'océan primitif, une molécule organique complexe a acquis le pouvoir de se reproduire.

Les premières formes de vie

Trois cents millions d'années plus tard environ, des formes de vie très simples et microscopiques, des bactéries qui vivent en absence d'oxygène, se développent en utilisant l'abondante réserve de molécules carbonnées que contient l'eau. De plus en plus consommées, ces ressources s'épuisent et de nouveaux organismes, des algues, "inventent" la photosynthèse : elles utilisent l'énergie lumineuse pour extraire l'hydrogène de l'eau et le carbone du dioxyde de carbone afin de construire leurs tissus. Lors de cette réaction, de l'oxygène est rejeté et se dissout dans les océans.

L'apparition des invertébrés et des vertébrés

Pendant près de deux milliards d'années, les organismes se multiplient en libérant toujours plus d'oxygène dans l'environnement. Voici 1,6 milliard d'années apparaissent les premiers animaux à plusieurs cellules (métazoaires). Ce sont d'abord des invertébrés (méduses, vers...), puis vers - 570 millions d'années une faune plus différenciée, avec le développement d'organismes protégés par une coquille (mollusques) et d'autres à squelette externe (arthropodes, coraux, etc.). Enfin, les premiers vertébrés, les poissons primitifs, font leur apparition voici 400 millions d'années.

Les premiers végétaux

Petit à petit, une partie de l'oxygène ayant gagné l'atmosphère s'y recombine, sous l'effet des rayons solaires, en une molécule à trois atomes d'oxygène : l'ozone. En se concentrant, cette nouvelle molécule forme une couche filtrante à une vingtaine de kilomètres de la surface de la Terre. Ainsi protégés des rayons ultraviolets mortels du Soleil, les végétaux peuvent s'aventurer sur la terre ferme voici 430 millions d'années. Les premiers sont des mousses et des lichens qui évoluent pour donner les fougères, si abondantes il y a 360 millions d'années qu'elles ont produit les grands gisements de charbon en se fossilisant dans le sol.

Des insectes aux premiers mammifères

Les animaux se lancent à la conquête du continent 100 millions d'années plus tard. Et d'abord les insectes et les amphibiens qui, vers 285 millions d'années, donnent naissance aux reptiles. Les premiers mammifères, des sortes de musaraignes, font leur apparition voici 230 millions d'années.

Des reptiles géants à l'homme

Entre - 210 et - 65 millions d'années, c'est l'apogée des reptiles avec, notamment, les dinosaures géants. Dans leur ombre, les oiseaux apparaissent et les mammifères continuent de se développer. Fougères et conifères dominent encore la flore, mais les plantes à fleurs (angiospermes) se développent et, avec elles, les insectes se diversifient.

Après la disparition brutale des reptiles géants voici 65 millions d'années, les mammifères ont le champ libre pour se diversifier et conquérir la Terre, ses continents, ses océans et son atmosphère. Enfin, il y a 20 millions d'années, se détache un rameau qui donnera naissance à la fois aux singes anthropoïdes (gorilles, chimpanzés) et aux hommes. Notre évolution et celle des formes de vie existantes se poursuivent. À quoi ressemblerons-nous dans 100 millions d'années ?

© François Baudin, *Eurêka*, n°4, février 1996.

L'eau, une symbolique marquée par la dualité

Associée aussi bien à l'idée de vie (dont elle est la source) qu'à celle de dissolution, l'eau constitue avec l'air, la terre et le feu, l'un des quatre éléments des cosmologies antiques. Le culte des eaux se retrouve dans toutes les mythologies, et toutes les religions ont emprunté à l'eau sa puissance symbolique de purification.

Un symbolisme puissant et multiforme

Évoquant tour à tour la naissance, le mouvement et la mort, le thème de l'eau a imprégné les mythes du monde entier et les religions. Aujourd'hui encore, ces images primordiales influencent inconsciemment nos attitudes et nos choix concernant l'eau que nous buvons ou celle que nous polluons.

Les eaux primordiales

L'eau est l'élément primordial dans lequel l'humanité cherche ses racines les plus profondes. Dès le premier verset de la Genèse, il est écrit qu'au commencement « la Terre était vague et vide, les ténèbres couvraient l'abîme, l'esprit de Dieu planait sur les eaux », et c'est de ces eaux que se dégage peu à peu l'univers organisé.
Le caractère matriciel des eaux primordiales fait ainsi se rejoindre l'histoire du monde et celle de chaque individu, né des eaux du ventre maternel, paradis à jamais perdu.

Les créatures de l'eau

Dans de nombreuses légendes, les habitants des eaux maternelles apparaissent comme les attributs ou les enfants des dieux des mers. L'hindouisme donne aux eaux primordiales une volonté consciente de génération spontanée sans aide extérieure.

Ainsi, le royaume liquide a engendré des créatures fantastiques ou monstrueuses. Des poissons aux sirènes en passant par le serpent, symbole, par sa mue, de la régénération, les légendes abondent en génies bienfaisants... ou malfaisants.

Sources miraculeuses

Tenues dans de nombreuses cultures antiques pour des lieux hautement sacrés, dispensées par des divinités souterraines, les **sources** sont dotées d'innombrables vertus comme la protection, la vie éternelle et la renaissance. Ainsi Zeus transforme une nymphe en fontaine. Les eaux de cette dernière possèdent le pouvoir de rajeunir les corps et d'arrêter le cours du temps. Le mythe de la fontaine de Jouvence est né. De même, Achille, alors qu'il n'est encore qu'un enfant, est plongé dans les eaux du Styx, qui rendent son corps invulnérable, à l'exception toutefois du talon par lequel il était tenu. Confiant dans les vertus de l'eau, Alexandre le Grand (356-323), partit chercher l'immortalité aux sources de Pamukkale, en Turquie.
De nombreux récits mythiques ou historiques racontent des histoires au sujet de sources merveilleuses. La plus célèbre est certainement celle que Moïse fit naître d'un rocher en le frappant de son bâton.

Roland, neveu de Charlemagne, réalise le même prodige à l'aide de son épée *Durandal*. En 1858, une jeune fille des Hautes-Pyrénées, Bernadette Soubirous, creuse la terre de ses mains, mettant au jour la source miraculeuse de la grotte de Lourdes, où viennent dorénavant se recueillir chaque année des millions de pèlerins.

Aujourd'hui, la foi dans les vertus purificatrices et régénératrices de l'eau est confortée par la science, à travers le thermalisme ou la thalassothérapie.

Eau purificatrice...

L'eau est également indissociable des rites de purification. Des pratiques d'ablution, d'aspersion et d'immersion se retrouvent dans toutes les cultures et toutes les religions. Elles régénèrent physiquement mais aussi spirituellement, en marquant le passage d'une vie à l'autre. Selon la tradition biblique, l'eau du baptême lave du péché originel et scelle l'alliance avec Dieu. La Torah recommande l'immersion totale dans l'eau pour se purifier. L'islam impose aux musulmans de se laver le visage, les mains et les pieds avant la prière, et l'immersion dans les eaux du Gange est, pour les Hindous, un rite majeur de purification qui doit mettre fin au cycle de leurs réincarnations.

... mais aussi bienfaitrice

L'eau tombée du ciel est une bénédiction pour les habitants du pays où règne la sécheresse. Son absence donne lieu à des rites d'invocation de la pluie. Par malheur, ce sont bien souvent les mêmes pays dont les terres sont inondées quand elle est trop abondante.

Le mythe du Déluge

Quel que soit l'endroit sur Terre où l'esprit de l'homme a situé l'acte créateur, tout part d'une entité liquide primordiale qui s'est ensuite mêlée à la terre, à l'air ou au feu. Lors du Déluge, ce même élément liquide constitue une punition infligée par Dieu à l'humanité pour son inconduite : « Il y eut le déluge pendant quarante jours sur la Terre ; les eaux grossirent et soulevèrent l'arche, qui fut élevée au-dessus de la terre. [...] Les eaux montèrent de plus en plus sur la terre et toutes les plus hautes montagnes qui sont sous tout le ciel furent couvertes. [...] Alors périt toute chair qui se meut sur la terre : oiseaux, bestiaux, bêtes sauvages, tout ce qui grouille sur la terre, et tous les hommes. [...] Il ne resta que Noé et ce qui était avec lui dans l'arche. La **crue** des eaux sur la Terre dura cent cinquante jours. » (Genèse VII, 17-24). Si l'eau est l'instrument du châtiment divin qui fait périr l'humanité, elle est aussi l'instrument de la purification et de la renaissance, puisqu'elle permet à un juste – Ziusudra chez les Sumériens, Noé chez les Hébreux, Décalion chez les Grecs – de survivre sur son arche et de fonder un nouveau monde. Le mythe du Déluge existe jusqu'en Australie où les aborigènes l'attribuent aux régurgitations d'une... grenouille géante ! Si la description du Déluge n'est guère crédible sur le plan météorologique, il traduit, sans doute, dans la mémoire collective, le souvenir des innombrables crues et **inondations** cataclysmiques qui ont frappé l'humanité. L'eau, malgré le symbolisme de vie qui lui est attaché, est peut-être plus que le feu l'une des terreurs fondamentales de l'humanité.

Asmara et les Causes perdues
Jean-Christophe Rufin

Au cœur des passions et des querelles qui animent la vie d'une mission humanitaire française en Éthiopie, le narrateur découvre, d'un côté, les manipulations politiques et, de l'autre, les traditions puissantes et envoûtantes de ce pays. Sur cette terre d'Afrique, la pluie, salvatrice mais aussi dévastatrice, est attendue et redoutée.

« Je suis assis sur ma terrasse ; il est dix heures et j'attends avec une impatience que j'ai du mal à contenir. Le soleil chauffe les pierres du sol, écrase l'ombre sous les feuillages, fait vibrer l'air. Pourtant l'eau est déjà là, invisible, suspendue mais présente. Elle alourdit le ciel, dont le bleu, plus soutenu, vire à l'indigo dans les lointains. Elle se ramasse en petits paquets de nuages qui descendent lentement du nord. On la sent dans l'air aux parfums qu'elle réveille dans les derniers boutons de rose et de seringa. L'été ici finit d'un coup. Quand paraît cette imperceptible avant-garde des orages, on sait que la semaine suivante sera livrée aux tempêtes. La plupart des gens attendent cet événement avec intérêt. Ils l'espèrent pour leurs récoltes, le redoutent pour leur toiture ; ils savent que l'eau va tout leur donner, nourriture et maladies, fraîcheur et **inondations**. Comme un parent bourru incapable de manifester sa tendresse sans violence, notre nature prodigue ses bienfaits avec une humeur terrible. À la sécheresse vont succéder les torrents de boue qui défoncent les rues, s'insinuent dans les caves, ravinent la terre. Moi, je n'ai rien à espérer ni de mauvais ni de bon, car une maison solide me protège et je ne dépends pas des récoltes pour survivre. Ces premières pluies sont pour moi un spectacle somptueux et gratuit au cours duquel la nature fait un majestueux étalage de sa force et de sa poésie, en réveillant les couleurs, les parfums, en inventant des rythmes sur les toits de tôle. Par moments, après ces paroxysmes, elle se calme, comme un artiste qui prend de la distance pour contempler sa toile : assommé d'eau, le paysage souffle une haleine tiède et sous les vapeurs qui montent des feuillages brillent les couleurs vernies du végétal, de la terre et des pierres ruisselantes. Chaque année, je suis impatient de revoir cela ; le temps passant, c'est pour moi de plus en plus un privilège et presque un miracle. Je m'y prépare pendant ce long carême de chaleur. »

Au fil de l'eau, au fil des mots

Dans toutes les langues, un riche vocabulaire décrit les phénomènes hydrologiques, les cours et les masses d'eau. L'eau a aussi inspiré bon nombre d'écrivains et de poètes, métaphore du cours du temps : « Passent les jours et passent les semaines/Ni temps passé/ Ni les amours reviennent/Sous le pont Mirabeau coule la Seine. »

Du latin...

Le mot "eau" vient du latin *aqua* qui désignait l'eau considérée comme élément.
Il a également donné de nombreux dérivés comme "eau-de-vie" ou "eau-forte", mais aussi "évier" en français moderne. Directement dérivés du latin *aqua*, on retrouve en français "aquarelle", "aquatique", **"aqueduc"** et "aquarium"."Gouache" a la même origine latine (*aquatio*,"arroser"), mais a fait un détour par l'italien *guazzo*.

... au grec

Comme c'est souvent le cas, la racine grecque *hydro* a été utilisée pour construire les mots savants et techniques de l'eau : **"hydrologie"**, science de l'eau aussi bien sous l'angle de son **écoulement** dans la nature que de ses propriétés thérapeutiques ; "hydraulique" pour la mécanique des écoulements fluides ; "hydrogène", "anhydre", "chlorhydrique" et "hydroélectrique" en physique et en chimie ; ainsi que "hydrophobe", "hydrophile" et "hydre".

Florilège des plus jolies expressions

- Les petits ruisseaux font de grandes rivières.
- Des histoires à l'eau de rose
- Clair comme de l'eau de roche
- Nager entre deux eaux
- En avoir l'eau à la bouche
- Donner un coup d'épée dans l'eau
- Mettre de l'eau dans son vin
- Se noyer dans un verre d'eau
- Pêcher en eau trouble
- Se retrouver le bec dans l'eau
- Suer sang et eau
- La goutte d'eau qui fait déborder le vase
- Vivre d'amour et d'eau fraîche
- Se ressembler comme deux gouttes d'eau

Et aussi...

- Ça coule de source
- Faire la pluie et le beau temps
- Il n'est pas né de la dernière pluie

(Source : Alain Rey et Sophie Chantreau, *Dictionnaire des expressions et locutions*, Le Robert.)

EAU ET CULTURE

Le vocabulaire de l'eau est étroitement lié aux spécificités géographiques, climatiques, sociales et culturelles des peuples et n'est pas toujours facilement traduisible. Le français a emprunté à l'arabe oued, *cours d'eau intermittent des régions arides.*
Les Inuits du Grand Nord distinguent une bonne vingtaine de formes d'eaux solides là où nous ne voyons que neige et glace, mais désignent tous les cours d'eau par un même terme alors que le français distingue les fleuves, les rivières, les ruisseaux...
Autre exemple, les Mossis du Burkina Faso utilisent le même vocable pour désigner le ciel et la pluie.

Les inondations

Les inondations représentent la première cause de catastrophes naturelles dans le monde. Ces dernières années, elles se sont abattues sur le Bangladesh, le Mozambique, le Nicaragua, l'Angleterre, la France. Quelles sont les causes de ces phénomènes souvent associés, un peu trop systématiquement, à des modifications climatiques ?

Le processus

Une rivière concentre l'**écoulement** superficiel et souterrain du **bassin versant** qui lui est associé. Tous deux sont alimentés par les précipitations qui peuvent ruisseler à la surface du sol ou s'infiltrer et rejoindre les eaux souterraines. Le **ruissellement** n'a lieu que si l'intensité des précipitations dépasse la capacité d'**infiltration** du sol, considérable pour des sols secs, mais qui diminue lorsque les sols s'humidifient et même s'annule lorsqu'ils sont entièrement saturés. De même, la capacité d'infiltration est pratiquement nulle pour les affleurements rocheux ainsi que pour de nombreuses surfaces artificielles (tuiles, ardoises, métaux, béton, bitume), précisément mises en place en raison de leur imperméabilité. La déforestation et certaines pratiques agricoles facilitent le ruissellement.

Pendant une averse, les eaux tombant sur les surfaces imperméables rejoignent rapidement le réseau hydrographique et grossissent son **débit**. Cependant, les eaux qui s'infiltrent rechargent les **nappes** souterraines et contribuent encore à augmenter ledit débit. Les conséquences d'une averse varient donc selon son intensité et sa durée, selon le bassin versant considéré et son état de saturation, lequel dépend lui-même des pluies antérieures. C'est pourquoi les effets (**crues**) ne sont pas proportionnels à leurs causes

> **❝** *Les conséquences d'une averse varient selon son intensité et sa durée, selon le bassin versant considéré et son état de saturation, lequel dépend lui-même des pluies antérieures.* **❞**

(averses), sauf dans certaines situations comme dans le sud de la France (Nîmes, Vaison-la-Romaine...).

Des modifications du relief

L'analyse statistique des séries de pluies enregistrées ne permet pas de mettre en évidence une modification significative de la fréquence des pluies extrêmes au cours des dernières années. En revanche, de nombreux bassins versants ont subi, du fait des aménagements voulus par l'homme, des transformations considérables. Ainsi dans les bassins récemment urbanisés, les constructions et les voies de communication constituent autant de surfaces imperméables où les précipitations peuvent ruisseler. C'est aussi le cas des transformations du milieu rural (remembrement) ou de certaines pratiques culturales (sol nu en hiver) qui diminuent les capacités de rétention et d'infiltration des bassins et accélèrent les écoulements. Paradoxalement, certains aménagements de lutte contre les crues (digues, rectifications), destinés à favoriser l'écoulement des eaux, exportent, en les aggravant, les crues vers l'aval. Cette cause semble importante dans l'explication des réponses plus rapides et plus intenses de certains bassins versants à des pluies dont le régime ne paraît pas s'être modifié de manière sensible. En outre, de nombreuses constructions ont été réalisées sans contrôle suffisant dans des zones inondables.

Les vallées : des points stratégiques

Les rivières disposent généralement de deux lits emboîtés : le lit mineur, où s'écoule la rivière en temps normal, et le lit majeur, qui n'est qu'épisodiquement, mais très normalement, occupé à la faveur des fortes crues. Or, les vallées constituent des zones très attractives pour les hommes. Les terres fertiles accueillent, en général, des voies de communication (rivières et canaux bien sûr, mais aussi routes et chemin de fer). Les vallées suscitent également l'urbanisation

> « *L'analyse statistique des séries de pluies enregistrées ne permet pas de mettre en évidence une modification significative de la fréquence des pluies extrêmes au cours des dernières années.* »

et, à la faveur de l'expansion économique et de l'accroissement démographique, des établissements sensibles (habitations, usines, équipements collectifs) ont été imprudemment implantés dans des zones vulnérables.
La conjonction de la transformation des bassins versants et de l'occupation intensive du lit majeur des rivières est un cocktail explosif qui suffit à expliquer bien des catastrophes. Quant aux solutions, elles sont davantage à chercher dans une maîtrise de l'occupation de l'espace, ménageant une place aux inondations dans les zones peu sensibles, que dans de grands aménagements qui seront nécessairement un jour ou l'autre dépassés par les événements hydrométéorologiques particulièrement intenses.

LA PLUS DÉVASTATRICE DU XXᵉ SIÈCLE

L'essentiel des terres du Bangladesh s'étend sur les bords du plus grand delta du monde, où se mêlent les eaux du Gange, du Brahmapoutre et du Meghana. En juillet 1998, des pluies diluviennes entraînèrent la rupture des digues de ces trois fleuves, qui submergèrent alors les deux tiers du pays,	*dévastant les habitations de millions de personnes et faisant plus de mille victimes. Ce pays connaît périodiquement de graves inondations, notamment lors de la mousson. La plupart du territoire se trouvant à cinq mètres à peine au-dessus du niveau de la mer, les pluies ont tôt fait de faire déborder ces fleuves puissants.*

L'eau en France : état des lieux

Avec ses 3 000 m³ d'eau par an et par habitant, la France est bien pourvue. Pourtant, la dégradation de certains fleuves et surtout des nappes polluées, notamment par l'agriculture, peuvent menacer notre alimentation en eau potable.

L'état de santé des fleuves et rivières en France

La dégradation de la qualité des eaux de surface provient d'abord de la présence de matières organiques et chimiques issues de rejets industriels ou urbains, qui entraînent la diminution des teneurs en oxygène dissous. Même si d'énormes progrès ont été réalisés au cours des trente dernières années sous l'impulsion des Agences de l'eau, il reste un certain nombre de points noirs, en particulier sur certains petits cours d'eau.

La présence de **nitrates** est observée presque partout et elle augmente au rythme d'environ 1 mg/l/an. Dans la moitié nord-ouest de la France, elle est la plus importante, mais elle est partout préoccupante, comme une autre pollution diffuse, les **pesticides**, dont on commence seulement à prendre la mesure. On observe aussi de façon très générale la présence de phosphore, même si les pollutions les plus graves tendent à disparaître.

Si globalement la lutte contre les pollutions d'origine industrielle a porté ses fruits, la maîtrise de la pollution agricole constitue le véritable enjeu des années à venir. Elle apparaît également comme une priorité, pour protéger les eaux souterraines.

Les nappes souterraines sont-elles affectées par la pollution ?

La principale préoccupation vient de la présence des nitrates qui dépassent parfois la norme de potabilité fixée à 50 mg/l dans certaines **nappes** alluviales (Garonne, Dordogne, Rhône, Saône, plaine d'Alsace), dans de grandes nappes sédimentaires crayeuses ou calcaires (Nord, Bassin parisien, Touraine, Poitou-Charentes) ou dans des nappes locales sur des formations de socle (Bretagne). Ces nitrates ont une origine essentiellement agricole et, malgré l'amorce d'une évolution positive des pratiques culturales ou d'élevage, on observe encore souvent une tendance à l'augmentation des teneurs due en particulier à la lenteur des transferts en milieu souterrain. Un autre point d'inquiétude vient de la présence de pesticides comme l'**atrazine**.

Les connaissances concernant la présence de ces substances dans les eaux souterraines sont encore lacunaires, mais à partir des campagnes de mesures effectuées, on a pu constater que, si un peu plus de la moitié des points de mesure pouvaient être considérés comme exempts de contamination, celle-ci était certaine pour 13 % d'entre eux à des doses plus ou moins fortes.

Le plomb en question

Le plomb est un métal toxique. Du fait du durcissement des normes européennes, sa teneur autorisée dans l'eau potable devra être divisée par cinq d'ici à 2013. Les conséquences ne sont pas neutres pour le porte-monnaie des propriétaires de logements.

D'où vient le plomb dans l'eau ?

L'eau se charge de particules au contact des canalisations en plomb. Parties visées : des branchements publics mais surtout les conduites à l'intérieur des maisons ou des immeubles. Le plomb passe plus facilement dans l'eau lorsque celle-ci stagne dans les tuyaux. Dans certaines régions, comme le Massif central, l'eau faiblement minéralisée et acide attaque davantage les canalisations.

Le plomb est-il dangereux pour la santé ?

Le plomb ingéré passe dans le sang et est en partie stocké par l'organisme. Une importante accumulation de plomb dans le corps peut provoquer une maladie, le saturnisme, caractérisée par des troubles digestifs et neurologiques chez l'adulte et un retard du développement intellectuel chez l'enfant. Les principales sources de contamination sont liées à l'ingestion d'écailles de vieilles peintures au plomb et à l'alimentation. De façon plus secondaire, l'eau contaminée peut aussi être un facteur de risques, surtout pour les nourrissons et les jeunes enfants.

Quelles sont les normes en vigueur ?

La teneur maximale en plomb de l'eau potable est actuellement de 50 microgrammes par litre en France. Au-delà de cette limite, l'eau est déclarée "non potable". Une directive européenne de 1998 prévoit d'abaisser ce seuil à 25 μg/l d'ici à 2003 et à 10 μg/l d'ici à 2013.

Quelles sont les conséquences du durcissement des normes européennes ?

En France, plus d'un tiers des vieux branchements raccordant les habitations aux réseaux sont encore en plomb mais ce sont surtout les conduites intérieures : tuyaux amenant l'eau aux différents robinets, canalisations entre le compteur et l'habitation, colonnes montantes dans les immeubles sont les plus concernés dans près de 10 millions de logements. Le respect de la nouvelle réglementation implique de remplacer toutes les conduites en plomb, publiques ou privées. Un chantier estimé à 120 milliards de francs, dont la plus grande part sera à la charge des particuliers.

Quelles actions concrètes doivent être engagées par les particuliers ?

Le changement des tuyauteries intérieures qui doit être réalisé d'ici à 2013 est à la charge des propriétaires ou co-propriétaires. Coût estimatif par habitation : entre 1525 et 2285 euros (10 et 15 000 F). Réductions d'impôt et subventions de l'Anah (Agence nationale pour l'amélioration de l'habitat) peuvent permettre d'alléger la facture. Les travaux seront à faire au rythme des rénovations des habitats.

La gestion de l'eau en France

Les Agences de l'eau sont devenues, au fil des années, les acteurs majeurs de la politique de l'eau en France. Autre particularité française : le poids des grands opérateurs privés.

Le bassin versant, cadre naturel de la gestion de l'eau

En adoptant une politique de l'eau par bassins versants, la France a fait figure de pionnière. Elle a instauré cette politique il y a plus de trente ans avec la loi du 16 décembre 1964, renforcée par une autre le 3 janvier 1992. L'eau ignorant les frontières administratives, la législation française instaure une gestion de l'eau dans son cadre naturel, le bassin hydrographique. Par ailleurs, elle prévoit une gestion concertée, en impliquant notamment les différents usagers réunis en Comités de bassins. Enfin, dernier principe énoncé, l'eau doit payer l'eau, autrement dit : les utilisateurs-pollueurs doivent être les payeurs.

Six Agences de l'eau ont ainsi été créées autour des principaux fleuves français. Leur rôle : mettre en œuvre la politique définie par le Comité de bassin qui est, en quelque sorte, un parlement local de l'eau. Le Comité réunit des représentants de l'État, des élus locaux et des usagers (agriculteurs, industriels, associations de défense de l'environnement, de pêche...).

Les Agences de l'eau, un rôle clé

Les Agences de l'eau sont des établissements publics dotés d'une autonomie financière. Elles ne se substituent pas à l'administration, n'ont aucun pouvoir de police des eaux. Leurs moyens d'action sont de nature financière. Elles perçoivent des redevances, en fonction des volumes prélevés et des pollutions produites par les usagers, et les redistribuent pour financer des investissements liés à la gestion des ressources, à la lutte contre la pollution et à l'amélioration de la qualité de l'eau. Leur rôle incitatif est réel. Au fil des années, par leur expertise, leurs liens étroits avec les usagers et aussi leur puissance financière (10 milliards de francs de redevances perçus par an), elles sont devenues les principaux acteurs publics de la **gestion de l'eau** en France. Si le régime actuel des redevances, ponctionnant beaucoup plus les particuliers que les agriculteurs, fait l'objet d'un large débat public, il n'empêche que les Agences de l'eau ont fait école. Leur mode de fonctionnement ainsi que celui des Comités de bassins ont inspiré la directive européenne adoptée en 2000 sur la politique communautaire de l'eau.

Les « géants privés » de l'eau

Aujourd'hui trois groupes français, Vivendi, Suez-Lyonnaise des eaux (dont le pôle "eau" a été récemment rebaptisé Ondeo) et Saur-Bouygues, se disputent la première place de la gestion de l'eau dans le monde. La percée de ces groupes privés issus de sociétés plus que centenaires – la Compagnie générale des eaux et la Lyonnaise des eaux – tient en partie à une spécificité française : l'eau potable est un service public organisé par les communes. Cependant, la France a choisi, dès la fin du XIXᵉ siècle, de laisser la possibilité aux collectivités de concéder la production d'eau potable et sa distribution à des entreprises privées. Un choix qui a permis la naissance et l'essor d'une véritable industrie de l'eau. En France, la gestion déléguée à un opérateur privé domine.

Les trois groupes privés réunis alimentent 75 % des Français en eau potable. Dans la plupart des autres pays du monde, la gestion publique est largement majoritaire. Les privatisations pures et simples, comme en Grande-Bretagne, sont l'exception.

Aujourd'hui, la législation française concernant l'eau est largement influencée par la réglementation européenne. Au plan gouvernemental, plusieurs ministères ou directions (Environnement, Agriculture, Santé, Équipement...) travaillent sur les questions touchant l'eau. La Direction de l'eau, rattachée au ministère de l'Environnement, est chargée de la coordination interministérielle de la politique de l'eau. À l'échelle locale, deux acteurs essentiels interviennent. D'une part, le préfet chargé de veiller à l'application des textes réglementaires relatifs à l'eau et donc responsable de la police de l'eau. Il s'appuie sur les différents services départementaux ou régionaux de l'État. D'autre part, la commune responsable de l'organisation des services publics de l'eau potable ainsi que l'**épuration** des eaux usées. La plupart des communes se sont groupées en syndicats intercommunaux pour assurer les services de l'eau. Tout distributeur, privé comme public, est tenu de fournir une eau conforme aux **normes**. Le maire doit informer ses administrés en cas de problème. Par ailleurs, les résultats des analyses de la DDDAS doivent être affichés en mairie.

Le prix de l'eau domestique

Que paie-t-on sur sa facture d'eau ? L'eau est-elle chère en France ? Bon nombre de consommateurs se posent la question. Après les fortes augmentations enregistrées au début des années 1990, les prix semblent amorcer une pause.

Qu'est-ce qui justifie le prix de l'eau ?

Le consommateur domestique ne paie pas le prix du produit, mais celui d'un ensemble de services. Rendre l'eau potable, l'acheminer à domicile, évacuer l'eau utilisée dans un réseau d'égouts, la "nettoyer" dans une station d'**épuration**... Ces différentes opérations mettent en jeu des équipements qu'il faut moderniser, étendre et entretenir, et qui ont un coût, imputé sur la facture du client.

L'eau plus chère à Saint-Malo qu'à Colmar ?

Le prix moyen du mètre cube d'eau est, aujourd'hui en France, de 2,59 euros (17 francs). S'il passe à peine la barre de 1,52 euro (10 francs) à Colmar, il atteint 3,81 euros (25 francs) à Toulon et plus de 5,64 euros (37 francs) à Saint-Malo. Pourquoi ces écarts ? Le prix de l'eau dépend de nombreux facteurs : proximité et qualité de la ressource, traitements à effectuer, taille de l'agglomération, zone desservie (habitat dispersé), niveau d'équipement en matière d'**assainissement**...

Qu'est-ce qui a fait grimper le prix de l'eau ?

Un ménage dépensait 187,36 euros (1 229 francs) en moyenne par an en 1991, contre 312,37 euros (2 049 francs) en 1999, (plus de 65 % de hausse sur la période). Cette forte hausse de la dépense s'explique principalement par un effort d'assainissement accru et par l'augmentation des redevances destinées à protéger nos ressources.

Les exigences renforcées en matière d'**épuration**, imposées par la loi et la demande des populations, ont conduit les communes à construire des réseaux et des stations d'épuration, ou à améliorer les traitements pratiqués, autant d'éléments se répercutant sur la facture du consommateur.

Hausse ou ralentissement, quelle est la tendance ?

Après avoir augmenté de manière sensible au début des années 1990 à un rythme approchant les 10 % par an, le prix de l'eau semble en voie de stabilisation. La hausse moyenne de la facture, qui était encore de 6 % en moyenne en 1995, s'élevait seulement à 1,7 % en 1999.

Le mode de gestion influe-t-il sur la facture ?

L'eau gérée par les distributeurs privés, très puissants en France, est accusée par certains d'être chère, voire trop chère. Elle est gérée soit directement par la commune, soit par l'intermédiaire d'un gestionnaire privé qui a la charge de construire les équipements nécessaires, de les entretenir et de les faire fonctionner. L'écart de prix entre les deux modes de gestion (**régie municipale**, gestion déléguée) perdure mais tend à se resserrer. En 1994, il était de 20 %, désormais, il n'est plus que de 13,5 %. Une évaluation correcte de la gestion d'un service de l'eau doit porter sur les prix et les prestations assurées (rendement du réseau, qualité de l'eau distribuée).

COMMENT LIRE SA FACTURE ?

En 1996, la présentation des factures a été revue, pour plus de clarté. Elles doivent désormais comprendre trois postes : distribution, collecte et traitement des eaux usées (quand ce service est assuré), et taxes perçues par les organismes publics. Les abonnés doivent, en outre, recevoir une fois par an un bilan synthétique sur la qualité de l'eau distribuée.

La redevance FNDAE (Fonds national de développement des adductions d'eau)
Elle sert à financer les installations d'eau potable et d'assainissement dans les communes rurales.

Distribution
L'abonnement (couvrant les frais de mise à disposition du service de fourniture d'eau potable). La location du compteur est parfois incluse dans l'abonnement. La consommation est la part variable fonction du montant consommé, relevée au compteur.

Organismes publics
Les redevances "préservation des ressources" et "pollution" sont facturées en fonction du volume consommé et reversées aux Agences de l'eau. Elles servent à octroyer prêts à taux réduits et subventions aux communes pour financer le bon fonctionnement des services des eaux et de l'**assainissement**.

Collecte et traitement des eaux usées
Ce poste couvre les frais du service d'assainissement.

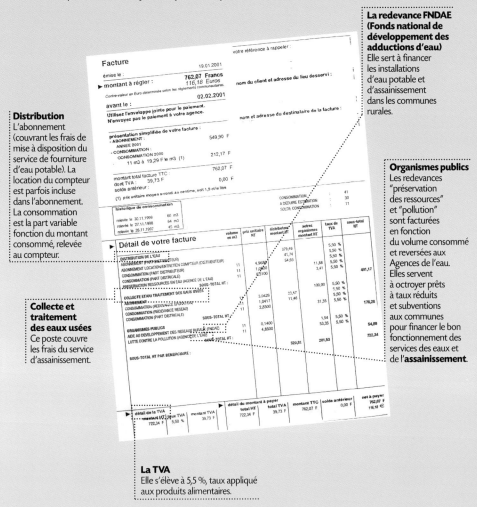

La TVA
Elle s'élève à 5,5 %, taux appliqué aux produits alimentaires.

L'eau inspire la publicité

À coups de slogans chocs (« Perrrier, c'est fou ! ») et de créations imaginatives, les grandes marques ont su se construire des images fortes, pour marquer leurs spécificités. Objectif : garder une clientèle de plus en plus tentée par des eaux à bas prix. Trois exemples.

Badoit : à la gloire des repas

« Peut-on envisager un repas sans Badoit ? » Cette interrogation tirée d'un récent film publicitaire résume l'ascension fulgurante de la marque.

En 1972, l'eau de Saint-Galmier, dans la Loire, vendue jusqu'alors en pharmacie, investit les linéaires des hypermarchés. Cette eau curative, riche en bicarbonates, facilite la digestion. Pendant près de quinze ans, Badoit s'appuie sur ses vertus digestives et sa légèreté pour communiquer, sur un ton humoristique, auprès du grand public. La marque puise dans le registre de la comédie musicale et met en scène des vedettes, notamment les Frères Jacques.

En 1986, elle parvient même à détrôner la célèbre eau de Saint-Yorre. Forte de son succès, Badoit se repositionne sur le haut de gamme. Un spot de 1987 illustre ce virage : à la Coupole, un couple classique se met soudainement à danser sur la table. Aujourd'hui, cette eau gazeuse s'est imposée à la table des consommateurs. Le discours de la digestion ayant été largement intégré par les consommateurs, la marque essaie davantage de les séduire sur le terrain de la convivialité, de l'ouverture aux autres. Depuis trois ans, Badoit revisite les *Fables* de la Fontaine, et réconcilie dans ses spots la Cigale et la Fourmi, le Lièvre et la Tortue...

Vittel : V comme *vitalité*

« Buvez, éliminez. » Ce slogan, qui date de 1979, est resté dans les mémoires et est décliné par la marque dans de nombreux films publicitaires, notamment avec le fameux : « Je me sens tout mou. Flagada. Raplapla. Il faut é-li-mi-ner... » Des créations pleines d'humour, respirant la joie de vivre, mettent l'accent sur les propriétés diurétiques de la marque (Vittel aide à éliminer les toxines et contribue à maintenir en forme).

Un discours en phase avec une époque où les Français, adeptes du jogging et des salles de gymnastique, deviennent de plus en plus soucieux de leur corps.

À la fin des années 1980, la fameuse eau des Vosges se cherche à nouveau ; elle abandonne le thème de l'élimination, mais conserve celui de la vitalité, très porteur, qui reste au cœur de sa communication. Vittel se place comme la marque des sportifs. Gorgée de minéraux, avec ses 841 mg/litre clairement affichés sur la bouteille, la marque cherche à incarner la vitalité. Retour "à la source" en 2000, avec un film décoiffant, le voyage souterrain d'une goutte d'eau, mené à train d'enfer sur une musique électronique et qui s'achève sur la vision champêtre d'un jeune couple virevoltant. En signature : « Vittel, la vitalité est en elle. »

Évian, de la montagne aux « bébés nageurs »

Depuis longtemps, l'eau d'Évian vante ses vertus tout en rappelant ses origines (une eau pure et équilibrée, puisée au cœur des Alpes). Elle parvient aussi à s'imposer comme l'eau recommandée pour les nourrissons.

Des slogans tels que « L'équilibre, une force », « Évian vous donne les forces que la montagne lui a données » marquent le début des années 1990. Les eaux de **sources** gagnent alors du terrain et Évian veut faire entendre sa différence en soulignant ses bienfaits sur la santé. À la fin de l'année 1998, la marque revient en force, avec un film spectaculaire : quelque soixante-dix bébés potelés à souhait sont mis en scène dans un ballet aquatique digne des grandes comédies musicales américaines d'Esther Williams. Cette création métaphorique, illustrant combien boire Évian chaque jour participe à l'entretien du corps, porte une nouvelle signature : « Évian, déclarée source de jeunesse par votre corps. » Ce spot, réalisé à grand renfort d'effets spéciaux, a été plébiscité par les consommateurs : coups de fils, nombreuses lettres de félicitations reçues par la marque... Les ventes ont suivi, avec environ 50 millions de litres de plus commercialisés à l'automne 1999 ! Souhaitant exploiter ce succès, Évian tourne un autre film de la même veine, diffusé en 2000, et mettant en scène cette fois des seniors.

La créativité mise en bouteille

Élégantes en verre, versions sport ou familiale en bonbonne, les bouteilles d'eau multiplient formes et formats. Elles sont devenues un véritable objet sur lequel s'exerce le talent des designers.

Un univers codé

Une bouteille d'eau, par sa forme, sa couleur, son étiquette, parle au consommateur. La transparence du contenant évoque ainsi, de façon implicite, la pureté de l'eau. Le verre est un matériau qui situe un produit haut de gamme et est utilisé par les grandes marques (Badoit, Vittel, Évian...) dans les cafés ou les restaurants. Ces signes visuels facilitent les repères du consommateur. « Les codes se sont installés autour de grandes marques. C'est Perrier qui a, par exemple, imposé la bouteille vert foncé », explique Patrick Veyssière, directeur de création de l'agence de design Dragon Rouge. Depuis, les bouteilles des eaux gazeuses sont souvent colorées, vertes ou bleutées, ces tons se retrouvant, par défaut, en dominantes sur les étiquettes.

La révolution du PET

Avant c'était verre ou... ordinaire ! Les bouteilles en plastique PVC se ressemblaient toutes. Mais l'arrivée d'un nouveau matériau, le PET, a changé la donne. Ce matériau permet aux designers, par sa plasticité et sa résistance, de laisser libre cours à leur créativité. « Avec le PET, les contenants peuvent aujourd'hui faire passer un véritable message », confirme Patrick Veyssière. Ainsi le relief montagneux de la bouteille d'Évian rappelle ses origines ; Contrex et sa bouteille évoquant un corps de femme inspire élégance et minceur ; Valvert, quant à elle, traduit bien son positionnement "100 % nature" : sa bouteille reprend en relief les rugosités de la roche et son étiquette est ornée d'une "feuille-cœur" aux couleurs denses bleu et vert.

La multiplication des formats

La contenance la plus répandue des bouteilles d'eau est d'un litre et demi. Mais aujourd'hui les marques jouent de tous les formats, pour répondre aux attentes des consommateurs, de la petite bouteille de 50 cl, pratique à transporter, à la bonbonne familiale de 5 litres, visant particulièrement les consommateurs suspicieux vis-à-vis de l'eau du robinet. Très "tendance" : la bouteille de 75 cl ou de 1 l, à boire au bureau, en voiture, dans une salle de gym ou à vélo. La Vittel avec un bouchon sport est un beau succès, et d'autres marques lui ont emboîté le pas. Évian a réinventé la gourde en lançant "Nomade" avec son anneau bleu pour la porter. La bouteille fait alors presque figure d'accessoire de mode. Sa cible : les jeunes urbains.

Les séries limitées

La bouteille d'eau devient aussi un objet festif. Le passage à l'an 2000 a été une occasion de créer des flacons au design très créatif, telle la bouteille en goutte d'eau Évian, le coffret de trois bouteilles Perrier (« Bleu, comme l'eau, transparent comme l'air, vert comme la vie »). À l'approche de la fin de l'année, les grandes marques rivalisent de raffinement, parant désormais leurs bouteilles d'habits de fête, avec des étiquettes pailletées à la typo retravaillée. Les Jeux olympiques et tous les événements sportifs majeurs sont aussi des occasions de prise de parole des marques. Ainsi depuis près d'une dizaine d'années, Perrier, partenaire du tournoi de tennis de Roland-Garros, saisit chaque année la « bulle au bond », pour confier à des designers la réalisation de bouteilles habillées aux couleurs de l'événement. Une façon de montrer qu'une marque plus que centenaire sait rester jeune et être de son temps !

Très "hype", le *water-bar* de Colette, à Paris. Parmi les 80 eaux qui y sont proposées, issues du monde entier, à consommer sur place ou à emporter, voici une sélection "coup de cœur".
• Les plus design : difficile de choisir mais l'on peut retenir la Voss de Norvège, avec son flacon tubulaire qui fait davantage penser à un parfum, la Gleaneagles d'Écosse, une eau très pure – appréciée des amateurs de whisky – à la bouteille transparente très élancée et dépouillée.
• Les plus gaies : les eaux aromatisées de l'Américain Glaceau. Étiquettes aux couleurs acidulées, des eaux aux saveurs subtiles (airelles-menthe, pêche-ginseng, goyave-ananas).
• Les incontournables : les belles bouteilles en verre bleu dense, qu'elles viennent du pays de Galles (Ty Nant) ou d'Italie (Acqua della Madonna, Blu).
• Les plus originales : la King Island Cloud de Nouvelle-Zélande, de l'eau de pluie en bouteille (7 800 gouttes très exactement dans chacune d'entre elles). Parmi les curiosités, citons l'eau de Chamonix, qui, comme son nom ne l'indique pas, vient d'Afrique du Sud !

De l'eau pour tous, de l'eau de qualité, de l'eau à quel prix ?

L'eau, comme l'air, est une ressource naturelle et appartient à tous. Mais qui la protège et la distribue ? Qui rémunère ceux qui prennent soin tant de sa qualité et de sa disponibilité ? Comment la protéger ?

Pour le partage de l'eau, Jean Dausset, Prix Nobel de médecine, président de l'Académie de l'eau (*Les Échos*, 9 avril 2001).

« Partager l'eau, en offrir au visiteur, aider son voisin qui en manque, n'est-ce pas le minimum à attendre dans une société qui gaspille de l'eau sans compter ? Partager l'eau, c'est avant tout en donner aux plus démunis qui ne peuvent même plus la payer. Partager l'eau, c'est un acte d'humanité élémentaire dans un monde de plus en plus voué au commerce des marchandises.

Pour tous les États de l'Union européenne, l'eau n'est pas une « marchandise comme les autres », c'est un bien essentiel qui n'obéit pas uniquement à la logique du marché. La nouvelle loi française sur l'eau doit faire triompher le principe de l'accès de tous à l'eau, mais encore faut-il inscrire ce principe dans la réalité. Donner de l'eau aux plus démunis, est-ce une aumône ou est-ce un droit ? Faut-il concevoir le droit à l'eau comme le droit à la couverture médicale qui vient d'être inscrit dans la loi ou faut-il se limiter à n'offrir l'eau qu'en cas d'urgence, comme ce fut le cas auparavant pour les soins aux malades les plus pauvres ? Existera-t-il des catégories de bénéficiaires de ce droit, ou faudra-t-il mettre en branle une machine administrative lourde et parfois humiliante pour bénéficier – et pour combien de temps – de cette source de vie ? »

Khayelitsha, la vie au compte-gouttes : dans ce bidonville sud-africain, les robinets sont un luxe (M. Malagardis, *Libération*, 21 mars 2000).

« Du sable, du vent : l'endroit n'a jamais rien eu d'autre à offrir. Pourtant en quinze ans, ils sont venus par dizaines de milliers s'installer à Khayelitsha, le plus grand bidonville "spontané" d'Afrique du Sud. [...] Combien d'habitants ? Les estimations varient entre 800 000 et 1,3 million. Sous l'apartheid, on les comptait à partir de photos aériennes ; au début des années 80, c'est en survolant le bidonville en hélicoptère que le président Pieter Botha acceptait finalement de fournir à Khayelitsha un bien précieux : l'eau.

Factures impayées. Près de vingt ans plus tard, l'**adduction** d'eau potable à Khayelitsha constitue toujours un casse-tête. [...] Les ingénieurs chargés des infrastructures se servent toujours des photos aériennes pour évaluer l'ampleur des besoins. "Nous avons divisé Khayelitsha en treize zones. L'idée, c'est d'installer des compteurs d'eau individuels dans tous les secteurs", explique Teo De Jaager, l'ingénieur afrikaner de la mairie. Avec les nouveaux compteurs, on pourra mesurer la consommation d'eau par ménage. Le coût sera modéré : environ 15 F par mois en moyenne. Les gens paieront-ils ? L'ingénieur hausse les épaules : "C'est difficile à dire. En tout cas, ça permettra peut-être de les responsabiliser. Quand la facture ne sera pas réglée, on coupera le robinet." »

Sous l'apartheid, les townships montraient leur opposition au régime en boycottant les factures d'eau, d'électricité. Le pouvoir a changé, mais les mauvaises habitudes perdurent. Difficile d'accepter de payer un service longtemps gratuit.

Tout en encourageant le contribuable au civisme, le gouvernement s'est également engagé dans de vastes chantiers de développement. L'accès à l'eau potable est devenu un droit constitutionnel. Depuis 1994, grâce à un dynamique ministre des Eaux et des Forêts, un million de personnes ont eu pour la première fois l'eau potable. Progrès qui n'efface pas l'ampleur des besoins : à la veille des deuxièmes élections démocratiques de juin 1999, 55 % des Sud-Africains n'avaient toujours pas l'eau courante à domicile et 50 % n'avaient pas de toilettes.

Robinets volés. Lefa a l'impatience de ses 20 ans. [...] Dans la petite baraque où vit la famille du jeune homme, il n'y a ni électricité, ni toilettes, ni eau courante. Le long de la route principale, la mairie a cependant installé des robinets. Une dizaine de familles se partagent un même point d'eau. Mais la plupart des robinets sont cassés, tordus, rafistolés. De minces filets d'eau s'écoulent en permanence et se transforment en flaques nauséabondes. "Les gens sont idiots, accuse Lefa, ils cassent les robinets en cuivre parce qu'ils croient que c'est un métal précieux ! Certains s'en servent ensuite pour faire de fausses dents, brillantes comme de l'or." »

L'eau, premier des droits de l'homme, par Sylvie Brunel d'Action contre la faim (*Le Figaro*, 20 mars 2000).

« Privé d'eau, l'être humain meurt. Privé d'eau potable, il meurt aussi, moins vite mais tout aussi sûrement. 25 millions de personnes meurent chaque année des conséquences d'une eau de mauvaise qualité ou souillée. [...] Si faire payer l'eau à son juste prix afin d'éviter les gaspillages, notamment dans l'agriculture et l'industrie, se justifie aisément car c'est le seul moyen de faire prendre conscience que l'eau n'est pas une ressource inépuisable et "naturelle" ("fabriquer" de l'eau potable devient dans certaines régions de plus en plus coûteux), de même que le principe "pollueur-payeur" est le seul moyen de responsabiliser les différents agents utilisateurs de l'eau, que se passe-t-il quand certaines populations ne peuvent pas payer ? Ou quand elles sont en situation de discriminations dans la région où elles vivent, et que l'accès à l'eau leur est dénié ?

Privatiser l'eau à tout prix présente donc des effets pervers : faire prévaloir une logique de rentabilité à court terme risque de priver d'accès à l'eau potable les populations qui sont déjà les plus pauvres et les plus vulnérables, et dont beaucoup vivent dans des régions où les contraintes naturelles sont fortes, en termes de pluviosité, de qualité des sols, de densité des infrastructures. [...]

Une éthique de l'eau s'impose pour ne pas la limiter seulement à un bien économique, convoité et coûteux. Son usage devrait faire l'objet d'une solidarité mondiale : l'eau devrait relever du patrimoine commun de l'humanité et donner lieu à la création d'un service public de l'eau au niveau international. Un tel objectif pourrait susciter la création d'un grand chantier de développement qui associerait les différents opérateurs de l'aide autour d'un objectif commun : *permettre l'accès à tous et partout à l'eau potable.* »

Nitrates et pesticides : les agriculteurs au banc des accusés ; Prévention ou taxation (Caroline de Malet, *Le Figaro*, 1999)

« Il faut reconnaître qu'en Bretagne la situation est particulièrement critique du fait de l'intensification de l'élevage. La région qui centralise 54 % des porcs et 48 % des poulets français concentre la majorité des déjections animales de l'Hexagone, qui se déversent dans le milieu naturel. Or, les deux tiers de l'eau potable en France sont d'origine souterraine. Les compagnies d'eau ont déjà bien construit une dizaine d'usines d'élimination de **nitrates** en France. Mais leur installation représente un surcoût de l'ordre de 1,50 à 2 francs par mètre cube. Au nom des deux principes édictés par la loi sur l'eau de 1992 – l'eau paie l'eau (elle ne peut être financée par l'impôt) et le principe du pollueur-payeur –, les consommateurs et les collectivités refusent de payer pour les pollueurs. "Dans la mesure où les systèmes curatifs ne sont pas acceptés par la société, il faut mettre l'accent sur la prévention", en déduit Jean-Luc Trancard, directeur de clientèle de la Lyonnaise des eaux. Une solution qui a également les faveurs d'associations écologistes. »

La qualité de l'eau potable se dégrade, (*La Croix*, 31 mai 2000). Entretien avec Jean-Claude Lefeuvre, professeur au Muséum d'histoire naturelle et président du comité scientifique du Fonds mondial pour la nature (WWF).
« *Vous venez de rendre publique une étude dénonçant la dégradation de la qualité de l'eau. La situation est-elle si grave ?*
Elle est très alarmante. Nous avons étudié la situation de 11 départements représentatifs du territoire, dont neuf sont les mêmes que lors de notre premier travail. Et dans chacun de ces départements, 30 communes réparties de façon homogène ont été sélectionnées. Les résultats montrent que la situation des cours d'eau et des **nappes** souterraines a empiré depuis 1981, date de notre première enquête. Les taux de **nitrates** – qui proviennent des engrais – et des pesticides ont augmenté dans ce qu'on appelle les "eaux brutes". [...]

Bientôt on ne pourra plus boire l'eau du robinet ?
59 % des habitants des Côtes-d'Armor préfèrent boire de l'eau en bouteille car ils n'ont plus confiance dans l'eau du robinet. Même si celle-ci ne dépasse pas le maximum autorisé en nitrates, elle est très loin du taux recommandé par l'Europe de 25 mg/l. Alors ils appliquent à eux-mêmes le principe de précaution. Pour la même raison, le maire de Rennes fait distribuer de l'eau minérale aux enfants de moins de 8 ans qui mangent à la cantine. Et ces nitrates "engraissent" le milieu aquatique : tout le monde a entendu parler des pollutions d'algues rouges sur les côtes qui empêchent la consommation de coquillages, et des 200 000 m³ d'algues vertes qu'il faut chaque été ramasser sur les plages de la baie de Saint-Brieuc pour que les touristes puissent en profiter... C'est inouï d'en arriver là quand on sait combien l'eau potable a été une conquête de l'après-guerre, qui a nécessité des investissements énormes et que c'est le symbole premier du développement d'un pays ! [...]
Pourquoi la prévention a-t-elle échoué ?
Parce que depuis 1981, date d'une certaine prise de conscience du problème par les pouvoirs publics, rien de cohérent n'a été entrepris. Toutes les initiatives reposent uniquement sur la bonne volonté des agriculteurs et ont lieu de façon tout à fait dispersée sur le territoire. Elles sont donc inefficaces. Une étude a montré que quand 29 agriculteurs sur 30 cessent de polluer au niveau d'un bassin versant, le récalcitrant peut suffire à empêcher que le niveau de nitrates diminue significativement. Les solutions doivent donc être concertées, contraignantes et adaptées à chaque région définie par son bassin versant et son type d'agriculture. »

Bibliographie

Ouvrages généraux

Gaston Bachelard, *L'Eau et les Rêves*, José Corti, Paris, 1942.
Une psychanalyse de l'eau par un grand philosophe.

Paul Caro, *De l'eau*, Hachette, Questions de sciences, 1995.

Jean-Pierre Goubert, *La Conquête de l'eau*, Robert Laffont, Pluriel, 1986.
La révolution de l'eau courante au XIXe et au début du XXe siècle.

Guy Jacques, *Le Cycle de l'eau*, Hachette Supérieur, 1996.

Jacques Lecomte, *L'Eau*, "Que sais-je ?", PUF, 1998.

Hervé Manéglier, Myram Schleiss, *L'ABCdaire de l'eau*, Flammarion, 2000.
L'eau dans la nature, l'eau domestiquée, l'eau symbolique en notices, précédées d'une petite histoire de l'eau.

Ghislain de Marsily, *L'Eau*, Flammarion, Dominos n° 51, 1995.
Un exposé sur la machine hydrique et un essai sur l'utilisation et l'aménagement des eaux.

Jean Matricon, *Vive l'eau*, Découvertes, Gallimard, 2000.
Un ouvrage sur les propriétés de l'eau mais aussi sur ses rapports depuis des siècles avec l'homme.

Hans Silvester, Marie-France Dupuis-Tate, Bernard Fischesser, *L'Eau, entre ciel et terre*, éd. de La Martinière, 2000.
Un beau livre très complet sur l'univers et l'eau, le cycle de l'eau, l'homme et l'eau, la crise de l'eau… magnifiquement illustré.

Les enjeux actuels de l'eau

Bernard Barraqué, *Les Politiques de l'eau en Europe*, La Découverte, 1995.

Roger Cans, *La Bataille de l'eau*, Le Monde Éditions, 1994.

Roger Cans, *La Ruée vers l'eau*, Le Monde Éditions, 2001.

Jean-Paul Deleage, *L'Eau, une ressource à préserver*, "La Science au présent", 1998, p. 249-261, Encyclopaedia Universalis.
Un document synthétique pour connaître les ressources, les usages et traitements de l'eau.

Françoise Nowak, *Le Prix de l'eau*, Economica, 1995 (diffusion assurée via internet waterunc.com/fr/publica.htm#nfo)
Qui décide du prix de l'eau, comment est-il calculé, quels sont les divers modes de gestion de l'eau ?…
Sur ce sujet ardu, un ouvrage clair et très concret.

Marq de Villiers, *L'Eau*, Soline/Actes Sud/Léméac, 2000.
Un ouvrage fouillé et vivant, pimenté de nombreux récits de voyages. Un véritable "tour du monde" des enjeux de l'eau, du Proche-Orient à l'Inde en passant par le continent nord-américain.

Science & Vie, « Menaces sur l'eau, comment éviter une crise mondiale », n° 211, juin 2000, hors-série.
Le point sur les menaces qui pèsent sur l'eau avec un bilan de l'eau en France mais aussi dans le monde.

Boire de l'eau

Jean-François Auby, *Les Eaux minérales*, "Que sais-je ?", PUF, 1994.

Jean-François Dormoy, *Eaux minérales*, Guide de l'amateur, éd. Soline, 1999.
Les vertus de plus de 200 eaux minérales de France, d'ailleurs toutes passées en revue.

Emmanuelle Evina, *Le Guide du buveur d'eau*, éd. Solar, 1997.

Pour les enfants

L'Eau, un bien à protéger, "Les Petits Débrouillards", Albin Michel Jeunesse, 2000.
Fabriquer la rosée, nettoyer une rivière, économiser l'eau… Quinze expériences faciles à réaliser, pour comprendre combien l'eau est un bien précieux qu'il faut préserver.

Les institutions

**MINISTÈRE
DE L'AMÉNAGEMENT
DU TERRITOIRE ET
DE L'ENVIRONNEMENT**
Pour s'informer sur la
politique de l'eau, la lutte
contre la pollution de l'eau,
ou encore sur la prévention
des inondations.
100, avenue de Suffren,
75015 Paris
Tél. 01 42 19 20 21
*www.environnement.gouv.
fr*

**SECRÉTARIAT D'ÉTAT
À LA SANTÉ**
Les rapports sur la qualité
de l'eau potable de 1993
à 1995.
8, avenue de Ségur
75007 Paris
Tél. 01 40 56 60 00
www.sante.gouv.fr

**MINISTÈRE
DE L'ÉCONOMIE
ET DES FINANCES**
L'enquête annuelle
de la Direction générale
de la concurrence,
de la consommation et
de la répression des fraudes
(DGCCRF) sur le prix
du service de l'eau.
139, rue de Bercy
75012 Paris
Tél. 01 40 04 04 04
www.finances.gouv.fr

IFEN
L'Institut français de
l'environnement coordonne
la collecte des données sur
l'ensemble des thèmes liés
à l'environnement.
www.ifen.fr

**OFFICE INTERNATIONAL
DE L'EAU**
Plus grande bibliothèque
spécialisée au monde
consacrée à l'eau.
Elle couvre tous les
domaines : institutionnels,
économiques,
administratifs, scientifiques
et techniques. Un fonds
réunissant plus de 200 000
documents (articles,
rapports...) et qui devrait
s'enrichir de 6 000
nouveautés chaque année.
22, rue Édouard-
Chamberland,
87065 Limoges Cedex
Tél. 05 55 11 47 73
www.oieau.fr

**RÉSEAU
INTERNATIONAL DES
ORGANISMES DE BASSIN**
132 organismes dans 51 pays
coopèrent pour développer
une gestion intégrée de
leurs ressources en eau.
21, rue de Madrid
75008 Paris
www.oieau.fr/riob

Les entreprises

**LA GÉNÉRALE DES EAUX
VIVENDI-WATER**
Sur le site Internet,
la rubrique «l'eau
en s'amusant» permet
aux enfants de comprendre
comment l'eau arrive
au robinet et retourne à la
rivière. Rubriques pratiques
sur la consommation,
les conseils pour économiser
l'eau, le prix de l'eau,
les services (diagnostic,
assurance-fuites...) plus un
accès direct au tarif de l'eau
de votre commune.
Tél. 0 800 03 21 15 (n° vert)
*www. eau.generale-des-
eaux.com*

**LA LYONNAISE DES
EAUX – ONDEO-SUEZ**
Présentation de l'entreprise,
communiqués de presse
récents, les questions que se
posent les consommateurs
(Quelle est ma
consommation d'eau, mon
eau est-elle bonne ?...).
Tél. 0 800 80 48 04 (n° vert)
www.lyonnaise-des-eaux.fr

LA SAUR
À côté du site institutionnel
(www-saur-com), la Saur
a conçu un site interactif
spécialement dédié à ses
clients. Infos sur la qualité
de l'eau (eaux douces
et eaux calcaires, le plomb
dans l'eau, eaux colorées...),
réponses à des questions
pratiques (déménagement,
relevé du compteur...)
et possibilité de prise de
rendez-vous avec un chargé
de clientèle.
*www.saurfrance-
clients.com*

**CENTRE ÉVIAN
POUR L'EAU**
Il réunit un comité
scientifique d'une trentaine
d'experts, et propose sur son
site une base de données
sur l'eau et la santé. Divers
thèmes sont traités sous
forme de dossiers : calcium
et santé, l'eau et le rein,
hydratation et grossesse...
www.centre-evian.com

**L'INSTITUT DE L'EAU –
PERRIER-VITTEL**
L'Institut de l'eau veut
partager et promouvoir
la recherche dans le secteur
de l'eau embouteillée.
Articles, publications,
congrès... : des informations
essentiellement destinées
à un public spécialisé
ou averti.
BP 101, 88804 Vittel Cedex
Tél. 03 29 08 70 41
www.institut-eau.tm.fr

Les associations

H2O
Reportage au lac
de Macaraibo, mini-dossiers
sur le thermalisme,
la qualité de l'eau potable.
Un "web magazine"
éclectique uniquement
consacré à l'eau.
www.h2o.net

**CENTRE
D'INFORMATION
SUR L'EAU**
Le C.I.Eau, association
regroupant les principaux
distributeurs d'eau, a pour
mission d'informer un large
public sur les questions
relatives à l'eau. Son site
décliné en deux versions,
adulte et junior, constitue
un fonds documentaire
conséquent sur le thème,
l'abordant sous toutes ses
facettes (pollution de l'eau,
traitement de l'eau potable,
prix, législation...).
BP 5 75362 Paris Cedex 08
Tél. 01 42 56 20 00
Minitel : 3615 CIEAU
www.cieau.com

Les agences de l'eau

SITE GÉNÉRAL
Le site général des Agences de l'eau.
www.eaufrance.tm.fr

AGENCE DE L'EAU ADOUR-GARONNE
90, rue du Férétra
31078 Toulouse Cedex 4
Tél. 05 61 36 37 38
www.eau-adour-garonne.fr

AGENCE DE L'EAU ARTOIS-PICARDIE
Centre tertiaire de l'Arsenal,
200, rue Marceline
BP 818, 59508 Douai Cedex
Tél. 03 27 99 90 00
www.eau-artois-picardie.fr

AGENCE DE L'EAU LOIRE-BRETAGNE
Avenue de Buffon
BP 6339
45063 Orléans Cedex 2
Tél. 02 38 51 73 73
www.eau-loire-bretagne.fr

AGENCE DE L'EAU RHIN-MEUSE
Route de Lessy - Rozérieulles
BP 30019 57161 Moulins-les-Metz Cedex
Tél. 03 87 34 47 00
www.eau-rhin-meuse.fr

AGENCE DE L'EAU RHÔNE-MÉDITERRANÉE-CORSE
2-4 allée de Lodz
69363 Lyon Cedex 07
Tél. 04 72 71 26 00
www.eau-rhone-méditerranée-corse.environnement.gouv.fr

AGENCE DE L'EAU SEINE-NORMANDIE
51, rue Salvador-Allende
92027 Nanterre Cedex
Tél. 01 41 20 16 00
www.aesn.fr

Organisations de consommateurs

INC
L'Institut national de la consommation vous informe sur les différentes associations existantes.
Il publie par ailleurs le magazine 60 Millions de consommateurs.
80 rue Lecourbe
75015 Paris
Tél. 01 45 66 20 20
www.conso.net

CACE
La Coordination des associations de consommateurs d'eau regroupe diverses associations d'usagers.
Sur son site figure l'ensemble des adresses des associations membres ainsi que des adresses Internet d'autres associations, telles l'Association de protection de l'environnement, Eaux et rivières de Bretagne.
www.seaus.org

UFC – QUE CHOISIR ?
Premier mouvement de consommateurs en France, l'Union fédérale des consommateurs fédère de nombreuses associations locales, qui peuvent vous aider à régler vos éventuels litiges. Le magazine Que choisir ?, édité par l'UFC, a publié plusieurs enquêtes sur l'eau en 1999 et 2000 (plomb, pesticides...).
11, rue Guénot
75011 Paris
Tél. 01 43 48 55 48
www. quechoisir.org

SERVICE NATIONAL DE DOCUMENTATION SUR L'EAU
200 000 références disponibles.
www. eaudoc.oieau.org
www. eaudoc.oieau.fr

Sortir

LE PONT DU GARD
À 25 km de Nîmes.
Depuis le printemps 2001, un véritable espace muséographique a été créé autour du pont et de la thématique de l'eau.
Un espace "Ludo" est spécialement dédié aux 5-12 ans.
La Grande Expo : du 1er novembre à Pâques, de 10 h à 18 h (horaires étendus pendant la haute saison, jusqu'à 21 h 30 le soir)
Tél. 0 820 903 330.

LES GRANDES EAUX MUSICALES
Chaque été, le château de Versailles fait revivre le spectacle grandiose des Grandes Eaux. Au cours de la visite du parc, la musique et le jaillissement des eaux permettront au visiteur de redécouvrir l'esprit et la splendeur de Versailles.
Tous les dimanches du 8 avril au 7 octobre, les samedis du 7 juillet au 29 septembre.
Tél. 01 30 83 78 89.

COLETTE
Dans ce magasin mêlant mode et design, se trouve, au sous-sol, un bar à eaux. Premier du genre, ce water bar propose à la carte pas moins de 80 eaux originaires du monde entier avec ou sans bulles. Beau à voir. Bon à boire.
213 rue Saint-Honoré
75001 Paris
Tél. 01 55 35 33 90

LA GÉODE
L'Eau et les Hommes, film projeté en permanence à la Géode, invite à un étonnant voyage, celui de la découverte de l'eau sous de multiples facettes. Du Groenland glacé au désert d'Égypte, de l'Arizona à Bénarès, de Venise au Bénin, ce film montre comment les hommes ont toujours cherché à vivre en symbiose avec l'eau. À voir également, Origine Océan.
Cité des Sciences et de l'Industrie
26, avenue Corentin-Cariou
75019 Paris
Tél. 01 40 50 79 99
www.cite-sciences.fr

Glossaire

ADDUCTION

Action d'amener de l'eau.

AQUEDUC

Canal, ou conduite, destiné(e) à conduire l'eau d'un lieu à un autre.

AQUIFÈRE

Relatif à une formation géologique contenant de l'eau.

ASSAINISSEMENT

Évacuation et traitement des eaux usées et des parasites. Il est collectif (égouts et station d'épuration) ou individuel (fosse septique)...

ATRAZINE

Un des principaux herbicides utilisés.

AUTO-ÉPURATION

Processus naturel de dégradation des matières organiques dans les cours d'eau par oxydation biologique.

BARRAGE

Ouvrage permettant de créer une réserve d'eau dans le cours des rivières.

BASSIN VERSANT

Région drainée par un cours d'eau et ses affluents.

BILAN HYDROLOGIQUE

Opération comptable établissant les entrées et les sorties en eau d'une unité hydrologique pendant une période donnée.

BILHARZIOSE

Grave maladie parasitaire provoquée par des vers qui se développent dans les eaux stagnantes des régions tropicales. Elle touche plus de deux cents millions de personnes de par le monde.

BOUES

Résidus de l'épuration des eaux. Le traitement d'un mètre cube d'eau usée produit 300 à 400 grammes de boues. 60 % des boues sont recyclées par l'agriculture.

BOUES ACTIVÉES

Procédé d'épuration le plus répandu, consistant à favoriser la prolifération bactérienne dans les eaux usées artificiellement aérées.

CHLORATION

Addition de chlore en vue de stériliser les eaux.

CONSOMMATION NETTE

Partie de l'eau prélevée non restituée (en général, évaporée ou transpirée).

CONTRAT DE RIVIÈRE

Institué en 1981, ce contrat associant services administratifs, Agences de l'eau, collectivités et usagers vise à protéger les cours d'eau.
Un programme d'actions est défini à l'échelon local (lutte contre les pollutions, maîtrise des inondations, mise en valeur des milieux aquatiques et des paysages...).

CRUE

Augmentation plus ou moins brutale du débit d'un cours d'eau.

DÉBIT

Quantité d'eau traversant une section de rivière ou de conduite pendant un temps donné.

DEMANDE EN OXYGÈNE

Potentiel de consommation d'oxygène des matières contenues dans une eau polluée.

DÉSHYDRATATION

Perte d'eau d'un organisme vivant pouvant provoquer des troubles allant jusqu'à la mort. Si l'homme peut se passer de nourriture plusieurs semaines, privé d'eau il ne peut survivre plus de deux jours.

DÉVELOPPEMENT DURABLE

Développement impliquant un mode d'utilisation des ressources naturelles de façon à répondre aux besoins du présent sans compromettre la capacité des générations futures à répondre aux leurs.

DRAINAGE

Évacuation, par gravité ou par pompage, d'eaux superficielles ou souterraines.

EAU BIOLOGIQUE

Eau contenue dans les cellules vivantes des végétaux et des animaux. Le corps humain est pour 60 % constitué d'eau : ce qui représente près de 40 litres d'eau pour une personne de 65 kilos.

EAU BRUTE

Eau n'ayant subi aucun traitement. Matière première pour la fabrication d'eau potable.

EAU DURE

Terme souvent utilisé pour caractériser une eau calcaire. La dureté de l'eau dépend de la nature géologique des sols traversés. Un sol crayeux ou calcaire donnera une eau dure.

EAU DOUCE

S'oppose à eau dure. Terme désignant surtout une eau dont la faible teneur en sels la rend apte à l'irrigation et à l'alimentation humaine (s'oppose alors à eau salée de mer).

ÉCOULEMENT

Partie des précipitations qui ne stagne pas et qui est en mouvement dans les cours d'eau et les nappes.

EFFLUENT

Se dit des rejets d'eaux usées.

ÉPANDAGE

Étalement à la surface des terres cultivées d'engrais, de lisier, de pesticides, de boues...

ÉPURATION

Traitements physiques, biologiques ou chimiques visant à retirer les matières et substances polluantes des eaux usées.

ÉROSION

Arrachement par l'eau de particules des sols et de roches qui modèlent le relief.

ÉTIAGE

Plus bas niveau atteint par un cours d'eau ou un lac.

EUTROPHISATION

Encombrement de l'eau par des composés nutritifs, en particulier azotés et phosphorés, qui accélèrent la croissance d'algues.

ÉVAPOTRANSPIRATION

Quantité d'eau transférée du sol vers l'atmosphère par évaporation et transpiration des plantes.

FLEUVES TRANSFONTALIERS

Fleuves traversant plusieurs pays. Dans le monde, deux cent quarante bassins hydrographiques se situent ainsi sur le territoire de deux ou plusieurs États (le Nil, le Zaïre ou encore le Danube traversent chacun neuf pays).

FORAGE

Puits de reconnaissance ou d'exploitation réalisés par des moyens mécaniques.

GESTION DE L'EAU

Organisation technique et administrative de la mise en valeur, de la distribution et de l'utilisation des ressources en eau.

GESTION DÉLÉGUÉE

Mode de gestion par lequel une collectivité locale confie par contrat tout ou partie du service de l'eau à un opérateur privé. Ce dernier a en charge l'exploitation, l'entretien des équipements et des réseaux, la collectivité locale gardant les pouvoirs d'autorité et de contrôle. Forme de contrats par ordre croissant de responsabilités : gérance intéressée, affermage, concession.

HYDROÉLECTRICITÉ

Électricité produite à partir de l'énergie mécanique des cours d'eau.

HYDROGÉOLOGIE

Branche de l'hydrologie qui traite de l'eau souterraine.

HYDROLOGIE

Science qui traite des eaux terrestres, de leur formation, de leur circulation et de leur distribution dans le temps et dans l'espace.

HYDROSPHÈRE

Partie de la Terre constituée principalement d'eau, sous ses trois états.

INFILTRATION

Mouvement de l'eau pénétrant dans le sous-sol à partir de la surface.

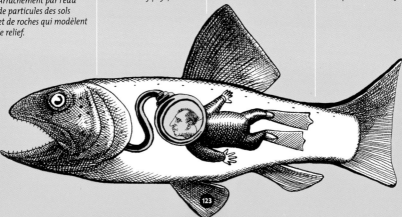

Glossaire

INONDATION

Submersion temporaire d'un espace terrestre lorsqu'une rivière déborde de son lit.

JAUGEAGE

Mesure du débit d'un cours d'eau.

KARST

Ensemble de formes superficielles et souterraines résultant de la dissolution par l'eau de roches carbonatées (calcaires, dolomies).

LÉGIONELLOSE

Infection respiratoire grave provoquée par les légionelles, bactéries pouvant se développer dans les réseaux intérieurs de distribution d'eau.

LISIER

Liquide provenant du mélange des urines et des déjections des animaux d'élevage.

MARNAGE

Variations naturelles ou provoquées par l'homme du niveau de la mer, d'un lac ou d'un réservoir.

MATIÈRES OXYDABLES

Substances organiques ou chimiques susceptibles de consommer de l'oxygène.

MÉTAUX LOURDS

Ensemble de polluants toxiques métalliques provenant pour l'essentiel de l'activité ou de produits industriels, parmi lesquels on compte le cadmium à l'origine de la maladie itaï-itaï, le chrome, le mercure provoquant la maladie de minamata et le plomb, cause du saturnisme.

MINÉRALISATION

Contenu des eaux en sels minéraux dissous.

NAPPE

Ensemble de l'eau présente dans la zone saturée d'une formation aquifère souterraine dont toutes les parties sont en liaison hydraulique.

NAPPE ARTÉSIENNE

Nappe souterraine captive dont l'eau est sous pression et potentiellement jaillissante.

NAPPE PHRÉATIQUE

Nappe d'eau souterraine à surface généralement libre et à faible profondeur (au plus quelques dizaines de mètres), accessible et exploitable par les puits ordinaires.

NITRATES

Les nitrates constituent le stade final de l'oxydation de l'azote organique et constituent un des éléments nutritifs des plantes. Les nitrates se trouvant dans les eaux proviennent surtout du lessivage des sols enrichis en éléments nutritifs par l'apport d'engrais, ou d'eaux usées domestiques.

NORMES (EAU POTABLE)

Ensemble des critères physiques, chimiques et bactériologiques que doit respecter une eau pour pouvoir être offerte à la consommation humaine. Elle ne doit, par exemple, pas contenir plus de 50 mg/l de nitrates ou plus de 0,5 microg/l de pesticides.

OLIGO-ÉLÉMENTS

Éléments minéraux dissous dans l'eau en très faible quantité.

PESTICIDES

Étymologiquement "tueurs de fléaux". Produits surtout utilisés en agriculture dont les propriétés toxiques permettent de détruire les parasites animaux et végétaux des cultures. Utilisés aussi pour l'entretien des espaces verts et des voies ferrées.

PHOSPHATES

Sels minéraux utilisés comme engrais et dans la fabrication des lessives et jouant un rôle important dans le déclenchement de l'eutrophisation des lacs et des rivières.

PLUIE ACIDE

Pluie chargée des acides présents dans l'atmosphère à cause de la pollution.

PLUVIOMÈTRE

Appareil permettant de mesurer la hauteur des précipitations.

POLLUEUR-PAYEUR

L'un des principes de la politique de l'eau en France, par lequel les usagers affectant la qualité des eaux doivent payer pour le préjudice commis. Les redevances des Agences de l'eau sont calculées en fonction du type et du volume de pollution produits

POTABILISATION

Ensemble des traitements permettant de rendre une eau propre à la consommation humaine.

PRÉCIPITATIONS

Apports d'eau parvenant au sol sous forme liquide (pluie ou rosée) ou solide (neige ou grêle) provenant de la condensation de vapeur d'eau atmosphérique. Les précipitations efficaces (ou utiles) désignent la fraction des précipitations génératrices d'écoulement superficiel ou souterrain, immédiat ou différé.

QANA

Ou foggara. Galerie drainante sub-horizontale creusée dans un aquifère pour collecter les eaux souterraines par gravité. De tels ouvrages ont surtout été réalisés en Iran et en Afrique du Nord.

RECYCLAGE

Réutilisation immédiate des eaux usées brutes ou épurées.

RÉGIE MUNICIPALE

Mode de gestion public du service de l'eau, assuré directement par la collectivité locale.

RÉGIME DES RIVIÈRES

Ensemble, à toutes les échelles de temps, des caractéristiques de la variabilité du débit des cours d'eau.

RÉSEAU SÉPARATIF

Système d'assainissement où l'on ne mélange pas les eaux usées et les eaux de ruissellement d'origine pluviale. S'oppose à réseau unitaire.

RÉSERVES

Ensemble des quantités d'eau contenues, à un moment donné, dans des réservoirs naturels ou artificiels tels que nappes souterraines, barrages, lacs...

RESSOURCES EN EAU

Eau dont dispose ou peut disposer un utilisateur (ou un ensemble d'utilisateurs) pour satisfaire des besoins en eau.

RUISSELLEMENT

Circulation de l'eau se produisant à la surface du sol, que cette circulation soit connectée ou non à un cours d'eau permanent.

SALINISATION

Accroissement de la teneur en sels des sols, dommageable à leur fertilité et provoqué par l'absence de drainage de terres irriguées.

SÉDIMENT

Dépôt de matière dans l'eau. On distingue les alluvions, sédiments grossiers, du limon, sédiment plus fin, présent en particulier dans les cours d'eau.

SEUIL DE CRISE

On considère que ce seuil est atteint lorsque les réserves en eau atteignent seulement 500 m³ par an et par habitant.

SEUIL DE PÉNURIE

On considère que ce seuil est atteint lorsque les réserves en eau sont seulement de 1 000 m³ par an et par habitant.

SIMAZINE

Désherbant utilisé notamment pour la vigne et les cultures fruitières.

SOURCE

Lieu d'apparition et d'écoulement d'eau souterraine à la surface du sol, en général à l'origine d'un cours d'eau.

STRESS HYDRIQUE

Quantité d'eau prélevée dans un pays rapportée à ses ressources naturelles renouvelables. L'échelle de stress hydrique comprend différents niveaux : avec un indice de 40 %, un pays connaît un stress hydrique élevé et consomme l'eau plus vite que ses ressources ne se renouvellent. Cette notion doit cependant être utilisée avec prudence, car elle néglige la diversité spatiale de la région considérée, la façon dont sont utilisés les prélèvements et la qualité des eaux restituées après utilisation.

TURBIDITÉ

Réduction de la transparence de l'eau due à la présence de matières en suspension. Elle indique l'état d'un liquide trouble.

ZONE HUMIDE

Milieu où le niveau des eaux souterraines se situe au niveau de la surface du sol ou à son immédiate proximité. Par exemple : marais, étangs, estuaires...

Quelle eau boirons-nous demain ?

Découvrir ⟫ 1 à 6
L'eau est-elle aujourd'hui le premier des droits de l'homme ?

Savoir ⟫ 7 à 40

Voir ⟫ 41 à 60
L'eau à l'état naturel dans tous ses états

Comprendre ⟫ 61 à 96

**Mieux on s'informe,
plus les projets prennent forme.**

pagesjaunes.fr

Trouver ⓥ 97 à 128

Mieux vaut une bonne information qu'une mauvaise intuition.

Table des illustrations et crédits

P. 8, Le Corré, 1996 / Gamma. **P. 11**, Image optique d'une réflection nébuleuse (nuage de poussières et de gaz © Science Photo Library, Londres / Cosmos – **P. 13**, Le Nil avec les enfants symbolisant les seize coudées de la crue fertilisante du fleuve, marbre, art romain, © R. G. Ojeda / R.M.N. – **P. 14,** Fresque représentant une colombe dans un jardin avec fontaine, Pompéi, Iᵉʳ s. av. J.-C., collection privée © The Bridgeman Art Library – **P. 16**, Reconstitution des thermes de Lutèce et de l'hôtel de Cluny, vue de l'intérieur du frigidarium, aquarelle de 1914 de Bernard Camille © Gérard Blot / R.M.N. – **P. 19**, Fontaine et la vaisselle d'or, Jardin d'amour à la cour de Philippe III le Bon, duc de Bourgogne, dans les jardins du château de Hesdin en 1432, huile sur toile d'après l'École française, XVᵉ s.,châteaux de Versailles et de Trianon © Gérard Blot / R.M.N. – **P. 20**, Le Monde, © Bibliothèque nationale de France – **P. 23**, Fontaine de Trevi à Rome, huile sur toile (1753-56) de Giovanni Paolo Pannini, musée Pouchkine, Moscou © The Bridgeman Art Library – **P. 24**, La machine de l'aqueduc de Marly, huile sur toile de Martin Pierre Denis, 1663-1742, châteaux de Versailles et de Trianon © R.M.N. – **P. 27**, Projet de tour en fonte pour le puits artésien de Passy, aquarelle de Alphand Adolphe, 1857, © Michèle Bellot / R.M.N. – **P. 28**, © Leemage – **P. 30**, La source de la grande grille, Vichy, © Leemage – **P. 33**, Barrage hydroélectrique de Hoover, © Science Photo Library, Londres / Cosmos – **P. 35**, Inondation de septembre 1998, femme prenant de l'eau, Dhaka, Bangladesh © Noorani, Still / Bios – **P. 36**, Chamelier, Mauritanie, Sahara © Denis-Huot / Hoa-Qui – **P. 38**, Affiche lors d'un congrès sur l'eau en Arabie Saoudite © Marc Riboud / Magnum. **P. 42-43**, Vague, © J.P. Nacivet / Explorer – **P. 44**, Gouttes de pluie dans l'eau, Henryk T. Kaiser / Cosmos – **P. 45**, Glacier, Groenland, © M. Dumas / Explorer – **P. 46-47**, Groenland, © P. De Wilde / Hoa-Qui – **P. 48-49**, Bulles d'air, bouteilles d'oxygène, mer, © Yvette Tavernier / Bios – **P. 50-51**, Vue aérienne, Grande Barrière, Queensland, Australie © Steinmetz/ Cosmos – **P. 52**, Plage de galets, vue sous-marine, Grèce, © Dino Simeonidis / Bios – **P. 53**, Cristallisation des surfaces liquides, © Philippe Bourseiller / Explorer – **P. 54**, Extrémité d'une stalactite, France © Philippe Bayle / Bios – **P. 55**, Chute d'Iguaçu, Parc national d'Iguaçu, Brésil © François Suchel / Bios – **P. 56-57**, Source chaude, Canary Spring Terraces, Parc national de Yellowstone, USA © Gerhard Schulz / Bios – **P. 58-59**, Bassin d'eau chaude, au prismatic, Parc national de Yellowstone © Kraffi/ Hoa-Qui – **P. 60**, Islande, © Bernard Descamps / Bios – **P. 62 à 96**, Infographies de Laurent Hindrycks / Miss – **P. 75**, Lente mort de la mer d'Aral, Kazakhstan, 1993, Gilles Saussier / Gamma – **P. 98, 109, 123**, Illustrations de Philippe Andrieu – **P. 113**, Le ballet d'Evian © Évian / Euro RSCG – **P. 114-115**, © Perrier / Dragon rouge.

Remerciements

Les auteurs remercient particulièrement Jean-François Donzier pour sa relecture des textes, et Stéphanie Porro (Conseil mondial de l'eau), Christel Leca (Ifen), Antoine Faby (OIEAU), Emmanuelle Toubiana (Perrier-Vittel), Magali Paroche (Danone), Patrick Veyssière (Dragon Rouge), Françoise Lamy (Sagep), Dany Martin (Vivendi), Giorgo (Colette).

Ville de Montréal **MR**

553.7

**Feuillet
de circulation**

H

À rendre le	
MAR. 2002	
0 3 AVR. 20..	1 9 FEV. 2004
2 4 AVR. 2002	0 8 AVR. 2004
	1 5 JUIL. 2004
0 1 JUIN 2002	2 5 SEP. 2004
0 6 JUIL. 2002	0 9 NOV. 200..
0 1 AOUT 2002	3 1 MAR. 2005
2 8 SEP. 2002	2 4 MAI 2005
0 3 JAN. 2003	2007 : 1 fas
2 9 MAR. 200..	2008 : 1 X
1 5 MAI 2003	
2 9 JUIL. 2003	
1 9 SEP. 2003	
2 1 NOV. 2003	

06.03.375-8 (05-93)